Brecker | **Beschaffungsprozesse**
Ein Arbeitsbuch

Merkur
Verlag Rinteln

Verfasserin:
Meike Brecker, Dipl.-Hdl. und Oberstudienrätin in München

Fast alle in diesem Buch erwähnten Hard- und Softwarebezeichnungen sind eingetragene Warenzeichen.

Das Werk und seine Teile sind urheberrechtlich geschützt. Jede Nutzung in anderen als den gesetzlich zugelassenen Fällen bedarf der vorherigen schriftlichen Einwilligung des Verlages. Hinweis zu § 52 a UrhG: Weder das Werk noch seine Teile dürfen ohne eine solche Einwilligung eingescannt und in ein Netzwerk eingestellt werden. Dies gilt auch für Intranets von Schulen und sonstigen Bildungseinrichtungen.

* * * * *

1. Auflage 2008
© 2008 by MERKUR VERLAG RINTELN
Gesamtherstellung:
MERKUR VERLAG RINTELN Hutkap GmbH & Co. KG, 31735 Rinteln
E-Mail: info@merkur-verlag.de
lehrer-service@merkur-verlag.de
Internet: www.merkur-verlag.de
ISBN 978-3-8120-**1026-9**

Vorwort

Wer liest eigentlich Vorworte? Sie? Als (potenzieller) Nutzer dieses Arbeitsbuches?

Das ist gut, weil Sie dann wahrscheinlich motiviert sind, sich aktiv mit dem Thema Beschaffungsprozesse auseinander zu setzen. Und genau dazu möchte ich Sie mit diesem Buch auffordern, denn Sie als Lernende/r spielen hier die Hauptrolle!

Im Überblick sieht das folgendermaßen aus:

- Anhand eines durchgängigen Beispielunternehmens, der Werbeagentur „Creationis GmbH", durchlaufen Sie als kaufmännische/r Auszubildende/r alle wichtigen Bereiche der Beschaffungsprozesse.
- Sie haben es dabei in erster Linie mit der kaufmännischen Abteilungsleiterin Frau Dürrbeck zu tun, die Ihre Kommunikationspartnerin in diesem Unternehmen ist und Ihnen sagt, was jeweils zu tun oder zu bedenken ist.
- Die meisten Themen können Sie allein bzw. in Partner- oder Gruppenarbeit selbst erarbeiten. Das wird Ihnen das Behalten und die Anwendung des Wissens hoffentlich erleichtern! Und keine Angst - die Ergebnisse werden im Unterricht immer gemeinsam besprochen um sicherzustellen, dass alles richtig ist.
- Zahlreiche übersichtliche Strukturen der Inhalte sollen Ihnen das Lernen erleichtern.
- Außerdem können Sie durch viele verschiedene Übungsaufgaben Ihr Wissen immer wieder überprüfen und verfestigen.

Hoffentlich sind Sie nach dem Durcharbeiten des Buches dann noch genauso motiviert wie nun beim Vorwortlesen. Ich würde mich sehr darüber freuen!

Jetzt wünsche ich Ihnen eine erfolgreiche Arbeit mit diesem Buch –

Meike Brecker

München, im Frühjahr 2008

PS:

Falls Sie Fan von der Frau Dürrbeck sein sollten – Sie finden sie und zahlreiche ihrer Freunde zum kostenlosen Download unter der Internetseite www.face4you.net.

Inhaltsübersicht „Beschaffungsprozesse" grafisch 5
  0. Volkswirtschaftliche Produktionsfaktoren 6
  1. Betriebswirtschaftliche Produktionsfaktoren 7
  2. Güterarten 10
  3. Der einfache Wirtschaftskreislauf 13
  4. Ablauf des Beschaffungsprozesses 14
  5. Der Angebotsvergleich 15
  6. Exkurs: Das ökonomische Prinzip 18
  7. AGB, Eigentumsvorbehalt, Erfüllungsort 20
  8. Zustandekommen des Kaufvertrags 25
  9. Kaufvertragsstörungen (I) – Der Lieferungsverzug 29
10. Kaufvertragsstörungen (II) – Die mangelhafte Lieferung
     (Schlechtleistung) 32
11. Kaufvertragsstörungen (III) – Der Annahmeverzug 39
12. Exkurs: Handelskalkulation 42
13. Kaufvertragsstörungen (IV) – Der Zahlungsverzug 48
14. Verjährungsfristen 54
15. Vertragsarten 62
16. Arten und Formvorschriften von Rechtsgeschäften 64
17. Geschäftsfähigkeit 65
18. Nichtigkeit und Anfechtbarkeit von Rechtsgeschäften 69
19. Finanzierung – Möglichkeiten der Kapitalbeschaffung 75
20. Exkurs: Effektivverzinsung bei Lieferantenkrediten (Skontogewährung) 83
21. Möglichkeiten der Kreditsicherung 87
22. Sonderformen der Finanzierung: Leasing und Factoring 92
23. Unternehmen in finanzieller Krise 95
24. Überschuldung von Privatpersonen 101
Gesamtwiederholung „Beschaffungsprozesse" 103

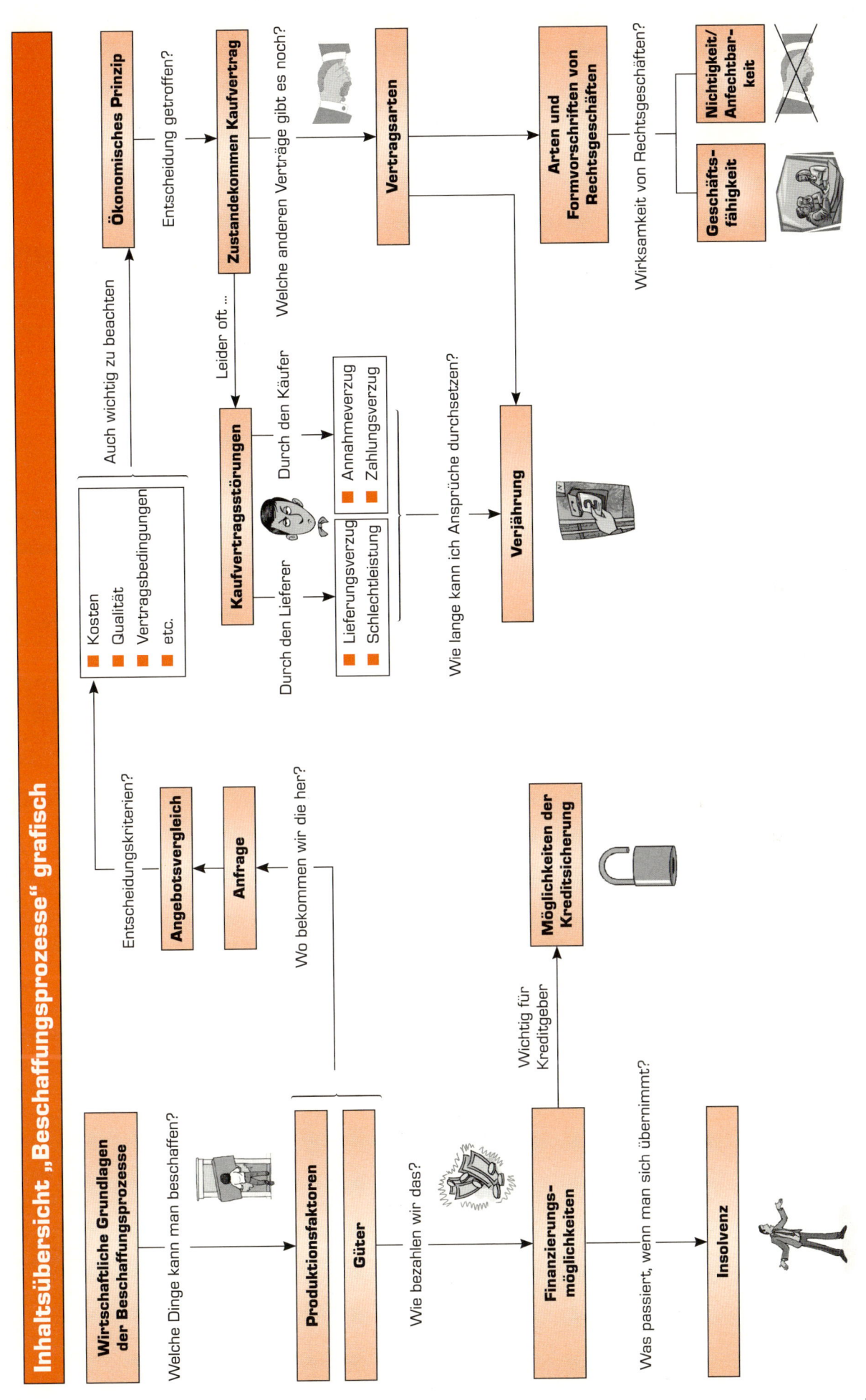

Inhaltsübersicht „Beschaffungsprozesse" grafisch

Wirtschaftliche Grundlagen der Beschaffungsprozesse

Welche Dinge kann man beschaffen?

↓

Produktionsfaktoren

Güter

Wo bekommen wir die her?

→ **Anfrage** → **Angebotsvergleich**

Entscheidungskriterien?

↓

- Kosten
- Qualität
- Vertragsbedingungen
- etc.

Auch wichtig zu beachten

↑

Ökonomisches Prinzip

Entscheidung getroffen?

→ **Zustandekommen Kaufvertrag**

Welche anderen Verträge gibt es noch?

→ **Vertragsarten**

→ **Arten und Formvorschriften von Rechtsgeschäften**

Wirksamkeit von Rechtsgeschäften

- **Nichtigkeit/Anfechtbarkeit**
- **Geschäftsfähigkeit**

Leider oft ...

↓

Kaufvertragsstörungen

- Durch den Käufer
  - Annahmeverzug
  - Zahlungsverzug
- Durch den Lieferer
  - Lieferungsverzug
  - Schlechtleistung

Wie lange kann ich Ansprüche durchsetzen?

→ **Verjährung**

Wie bezahlen wir das?

↓

Finanzierungsmöglichkeiten

Wichtig für Kreditgeber → **Möglichkeiten der Kreditsicherung**

Was passiert, wenn man sich übernimmt?

→ **Insolvenz**

© MERKUR VERLAG RINTELN – Brecker

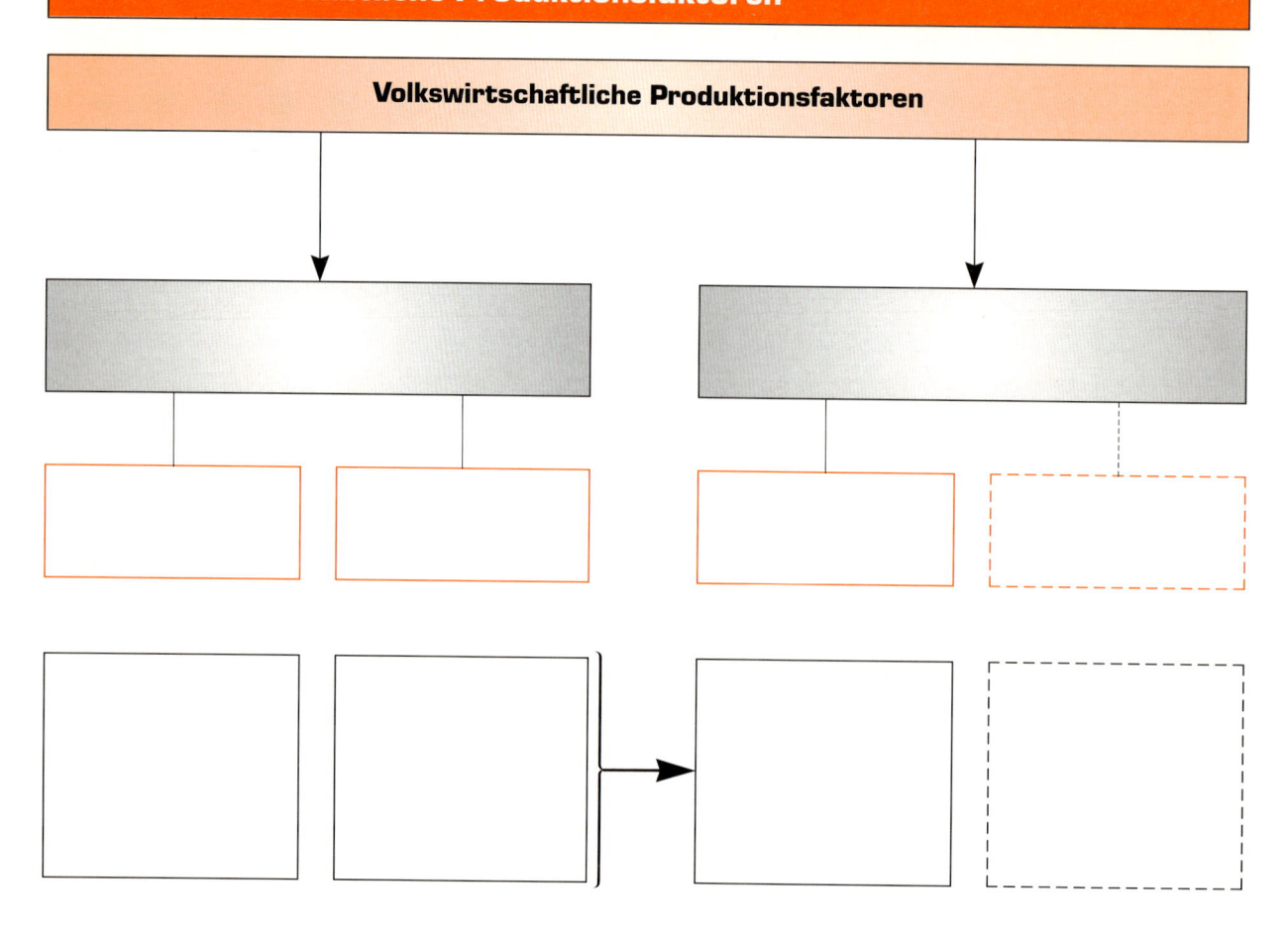

0. Volkswirtschaftliche Produktionsfaktoren

Volkswirtschaftliche Produktionsfaktoren

1. Betriebswirtschaftliche Produktionsfaktoren

Ausgangssituation:

Sie absolvieren Ihre Ausbildung zur Kauffrau/zum Kaufmann für Marketingkommunikation in der Full-Service-Werbeagentur „Creationis GmbH" in München, die insgesamt über 300 Mitarbeiterinnen und Mitarbeiter beschäftigt. Zurzeit sind Sie dort im Bereich der allgemeinen Verwaltung eingesetzt, um sich mit den Grundlagen kaufmännischer Tätigkeiten vertraut zu machen.

Die engagierte Abteilungsleiterin Frau Dürrbeck möchte Sie im Rahmen der Beschaffungsprozesse regelmäßig unterweisen und Ihnen alles Wichtige erklären.

> Jedes Unternehmen braucht für die Erstellung seiner betrieblichen Leistung die so genannten „Produktionsfaktoren". Überlegen Sie bitte, was in einer Werbeagentur alles benötigt wird, um arbeiten zu können!

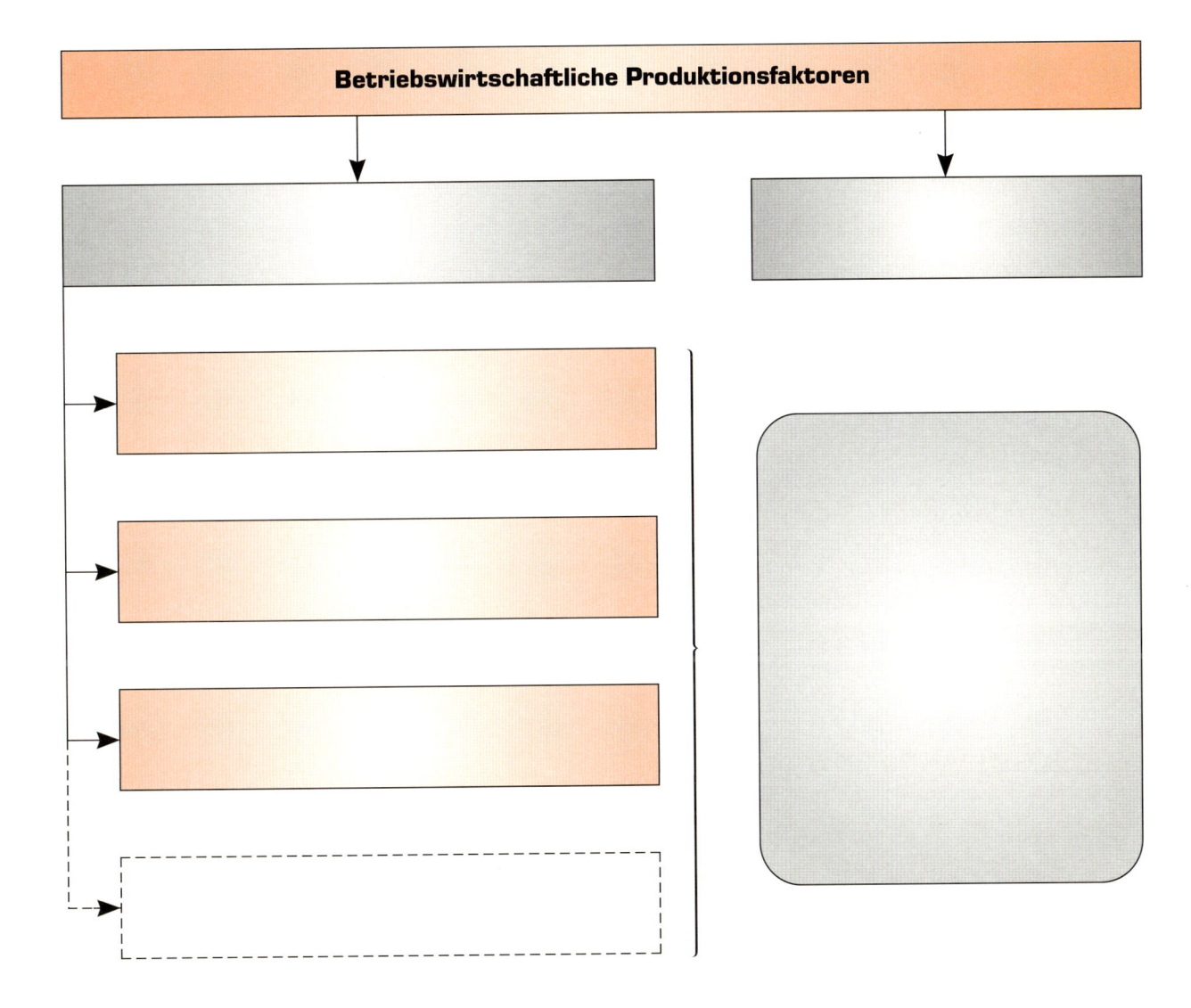

Frau Dürrbeck

Betriebswirtschaftliche Produktionsfaktoren

1. Betriebswirtschaftliche Produktionsfaktoren

Frau Dürrbeck: Die „Creationis GmbH" soll für einen ihrer Kunden eine 20-seitige Imagebroschüre im Hochglanzlook erstellen, in die auch eine DVD eingelegt wird. Welche Werkstoffe müssen für die Herstellung beschafft werden und worin unterscheiden sie sich?

Werkstoffarten		

Arbeitsauftrag: Bei der Herstellung der Imagebroschüren kommen alternativ drei Druckereien in Frage, die mit unterschiedlichen Arbeits- bzw. Maschinenstunden kalkulieren. Die Kosten pro Arbeitsstunde betragen bei allen dreien je 30,00 €, die Kosten pro Maschinenstunde je 20,00 €. Für welche Druckerei würden Sie sich entscheiden?

Produktionsverfahren	Aufzuwendende Arbeitsstunden	Arbeitskosten in EUR	Benötigte Maschinenstunden	Maschinenkosten in EUR	Gesamtkosten in EUR
I	2		2		
II	1,5		2,5		
III	1		3		

Kann zur Herstellung eines Gutes eine bestimmte Menge des einen Produktionsfaktors durch eine bestimmte Menge des anderen **ersetzt** werden, spricht man von einer

....
....
....

1. Betriebswirtschaftliche Produktionsfaktoren

Übungsaufgaben zu den Produktionsfaktoren:

In der „Creationis GmbH" dient eine Vielzahl unterschiedlichster Faktoren der Leistungserstellung. Ordnen Sie die Kennziffern von 3 der insgesamt 7 Faktoren den betriebswirtschaftlichen Produktionsfaktoren richtig zu und tragen Sie diese in die rechte Spalte ein.

	Faktoren der Leistungserstellung	Betriebswirtschaftl. PF	
1	Grundstücke und Gebäude der Agentur	**Ausführende Arbeit**	
2	Aufgenommene Hypotheken und Darlehen		
3	Kopierpapier, Briefbögen, Stifte	**Betriebsmittel**	
4	Tätigkeit des Geschäftsführers der GmbH		
5	Archiv mit fertig gestellten Werbematerialien für die Kunden	**Werkstoffe**	
6	Tätigkeit der Einkaufsleiterin		
7	Tätigkeit eines Praktikanten		

Aufgabe 2: Der Arbeitseinsatz des dispositiven Faktors in der „Creationis GmbH" soll verringert werden. Welche der folgenden Tätigkeiten kann am ehesten abgegeben werden?

a) Einstellung von neuen Auszubildenden
b) Planung des von jedem Kontakter zu erreichenden Mindestumsatzes
c) Festlegung von Zielvereinbarungen in Gesprächen mit den einzelnen Mitarbeiterinnen und Mitarbeitern
d) Führung der Urlaubsliste
e) Analyse der Gründe für das Nichterreichen des geplanten Unternehmensgewinns

Aufgabe 3: Um welche Produktionsfaktoren handelt es sich jeweils in der folgenden Geschichte? Bitte in der Klammer ergänzen!

Ihre beste Freundin hat einen Ausbildungsplatz als Industriekauffrau in einer Dosensuppenfabrik erhalten und ist gerade die erste Woche da. Frau Motzig, die Ausbildungsbeauftragte, (= _____) weist sie (= _____) an, am PC (= _____) eine Bestellung über 500 Zentner Kartoffeln (= _____), 1 000 Suppendosenetiketten (= _____) sowie 3 kg Salz und Pfeffer (= _____) für „Omas beste Kartoffelsuppe" zu schreiben. Da es im Büro (= _____) wegen des schlechten Wetters schon sehr dunkel ist, macht sie das elektrische Licht (= _____) an. In dem Moment kommt jedoch die Putzfrau (= _____) in den Raum, stolpert und kippt dabei ihren Putzeimer (= _____) um. Der Chef, Herr Sauerwein (= _____), bekommt daraufhin einen dermaßen lauten Wutanfall (= _____), dass Ihre Freundin schnell mit der Putzfrau verschwindet.

2. Güterarten

Arbeitsauftrag 1: Welcher Zusammenhang besteht jeweils zwischen folgenden Gütern?

Drucker – Druckertinte, Glühbirne – Strom,	Butter – Margarine, Weizen – Dinkel,
....	....
....	....
....	....
....	....
....	....

Arbeitsauftrag 2: Lesen Sie folgenden kurzen Artikel sowie die darunter stehenden Begriffserklärungen zu freien und knappen Gütern durch und überlegen Sie, welche Problematik hier zwischen beiden Güterarten erkennbar wird.

Luftverkehr bald „Klimakiller Nr. 1"

In einer sich mehr und mehr vernetzenden Weltwirtschaft werden immer mehr Güter per Flugzeug transportiert. Durch die Luft fliegen frische Tomaten und Blumen, aber auch Auto- und Computerteile, sogar ganze Industrieanlagen. E-Commerce und sonstiger Einsatz schneller Medien im weltweiten Handel lassen die Erwartung an eine schnelle Lieferung wachsen, interkontinentale Express-Lieferdienste boomen.

Auch aus der Tourismusbranche ist der Flugverkehr kaum noch wegzudenken, für internationale Treffen ist die Fortbewegung durch die Luft selbstverständlich. Die Preise für die Tickets sinken, doch der Preis, den wir alle zahlen, ist hoch. Derzeit trägt der Flugverkehr mindestens vier Prozent zur globalen Erwärmung bei. Das Umweltbundesamt erwartet eine Verdreifachung der Kohlendioxid-Belastung durch den deutschen Flugverkehr bis 2030. (Quelle: BUND 2007)

Freie Güter
Ein Gut ist frei, wenn es im betreffenden Gebiet zur betrachteten Zeit in so großer Menge vorhanden ist, dass jeder Mensch so viele Einheiten des Gutes konsumieren kann, wie er will. Beispiele dafür sind die Luft zum Atmen, Sand in der Wüste oder Salzwasser im Meer. Da freie Güter in einem ausreichenden Maße zur Verfügung stehen, haben sie keinen Preis.

Knappe Güter/Wirtschaftsgüter
Im Gegensatz zu den freien Gütern stehen knappe Güter nicht in einem ausreichenden Maße zur Verfügung. Sie müssen durch Kombination der Produktionsfaktoren hergestellt werden und sind damit Gegenstand des Wirtschaftens. In einem marktwirtschaftlichen System erfolgt der Ausgleich zwischen dem knappen Güterangebot und der weitaus höheren Nachfrage über den Preis. So wird bei einem hohen Preis in der Regel ein Gut weniger nachgefragt als bei einem niedrigen Preis, d.h. die Preisbildung regt zu einem wirtschaftlichen Handeln (haushalten) an.

2. Güterarten

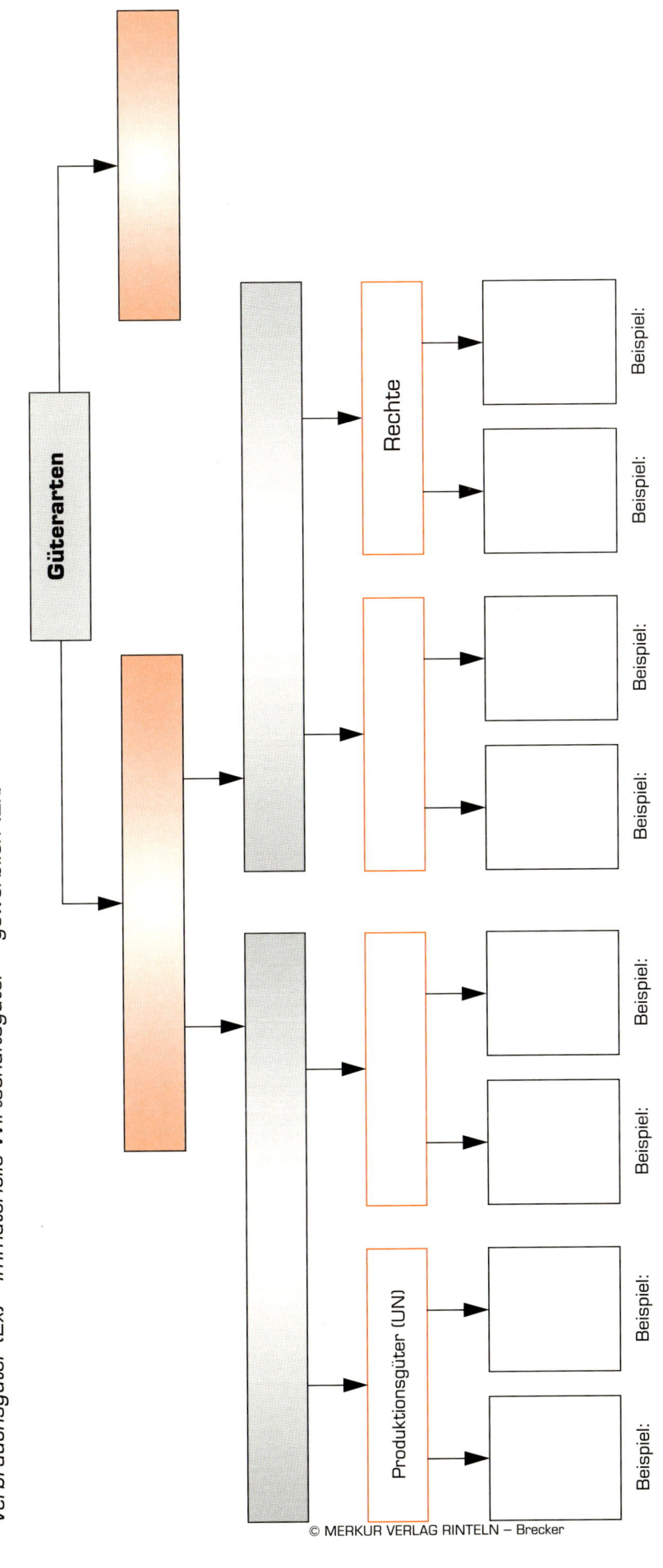

Arbeitsauftrag 3: Tragen Sie folgende Begriffe zusammen mit Ihrem Banknachbarn passend in die Übersicht ein.

Konsumgüter (HH) - Gebrauchsgüter (2x) - Materielle Wirtschaftsgüter – Dienstleistungen – privat (2x) - Freie Güter - Verbrauchsgüter (2x) - Immaterielle Wirtschaftsgüter – gewerblich (2x)

Güterarten

- Rechte
- Produktionsgüter (UN)

Beispiel: (mehrfach)

2. Güterarten

Übungsaufgaben zu den Güterarten:

Aufgabe 1: Überlegen Sie sich gemeinsam mit Ihrem Banknachbarn Beispiele für Komplementär- und Substitutionsgüter, mit denen Sie in Ihrem Arbeitsalltag im Ausbildungsbetrieb Berührung haben.

....
....
....
....

Aufgabe 2: Ordnen Sie folgende Güter in das Schema ein und überlegen Sie sich für jede Kategorie noch ein weiteres Beispiel!

Kugelschreiber im Büro – Pinsel eines Hobbymalers – Putzmittel für Geschäftsräume – Benzin für Privatauto – Schnee – Busfahrt eines Rentners – Pacht eines Gartenhäuschens – Miete eines Bürohauses – Anzeigengestaltung durch Werbeagentur

Freies Gut

Investitionsgut
- Verbrauchsgut:
- Gebrauchsgut:

Komsumgut
- Verbrauchsgut:
- Gebrauchsgut:

Dienstleistung
- Gewerblich:
- Privat:

Rechte
- Gewerblich:
- Privat:

Aufgabe 3: Die „Creationis GmbH" bietet den eigenen Mitarbeiterinnen und Mitarbeitern die Möglichkeit, ihre mitgebrachten Speisen in einer Mikrowelle zu erhitzen. Welchen Güterarten ist der Mikrowellenherd der „Creationis GmbH" zuzuordnen?

a) Verbrauchsgut – materielles Gut – wirtschaftliches Gut
b) Gebrauchsgut – Konsumgut – freies Gut
c) Wirtschaftliches Gut – Gebrauchsgut – Produktionsgut
d) Produktionsgut – immaterielles Gut – Gebrauchsgut
e) Wirtschaftliches Gut – Verbrauchsgut – Konsumgut

Aufgabe 4: Beschreiben Sie kurz den Unterschied zwischen Produktions- und Konsumgütern!

....
....
....

3. Der einfache Wirtschaftskreislauf

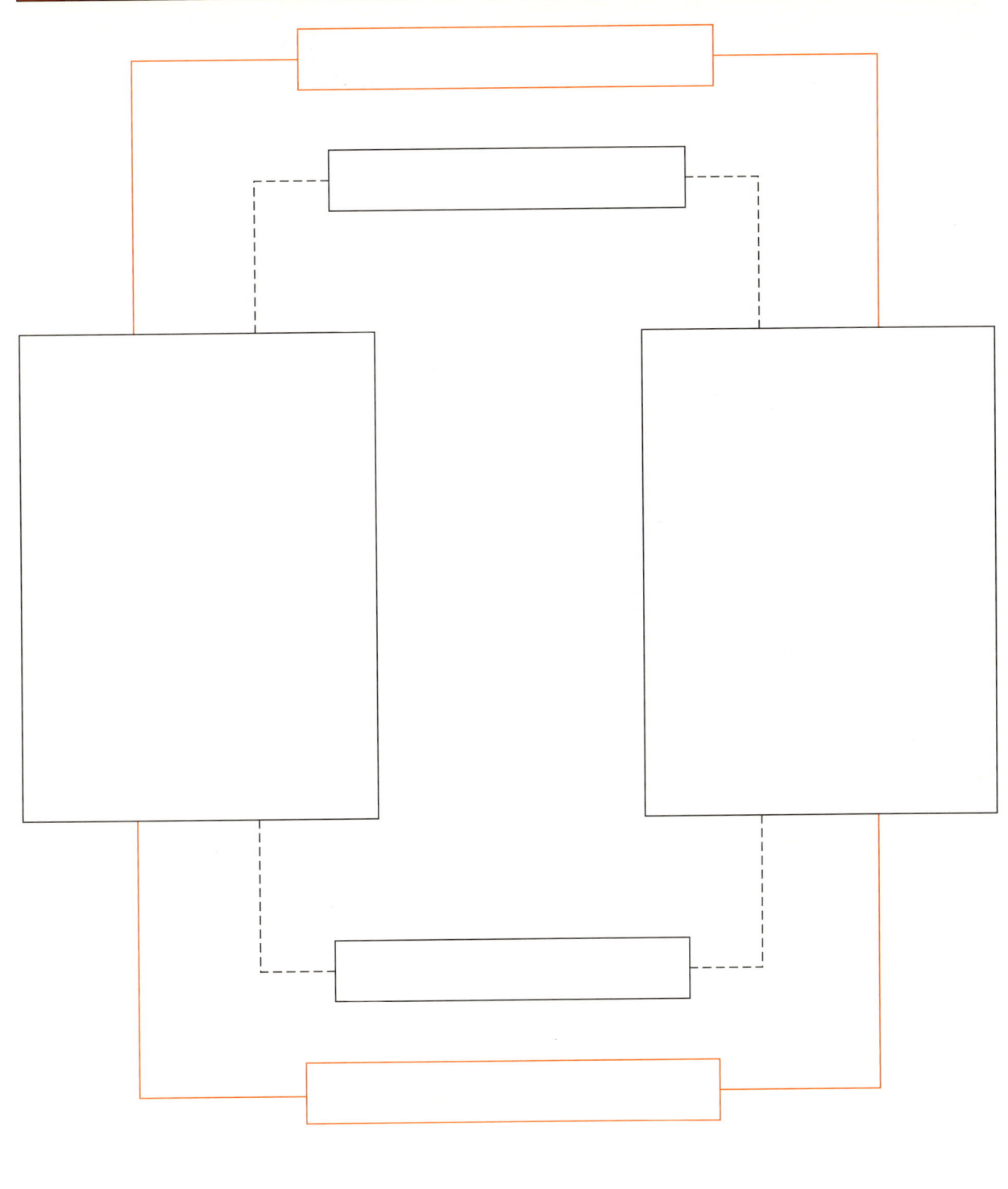

-------- = Geldstrom
———— = Güterstrom

4. Ablauf des Beschaffungsprozesses

Frau Dürrbeck: So, nachdem Sie wichtige Grundlagenbegriffe kennen gelernt haben, wollen wir uns nun dem eigentlichen Beschaffungsprozess zuwenden. Was müssen Sie denn grundsätzlich bei einem Beschaffungsprozess in welcher Reihenfolge tun?

Arbeitsauftrag: Bringen Sie folgende durcheinander geratenen Tätigkeiten im Beschaffungsprozess in eine sinnvolle Reihenfolge! Beraten Sie sich dazu mit Ihrem Banknachbarn.

Überwachen des Liefertermins - Zahlung der Lieferantenrechnung - Bedarfsmeldung/-feststellung – evtl. Preise und Bedingungen verhandeln - Anfrage stellen - Buchung der Lieferantenrechnung – Lieferantenwahl - ggf. Meldung von Beanstandungen - Angebotsvergleich – Lieferantensuche – Bestellung – Warenannahme - Rechnungsprüfung - Qualitätsprüfung der Ware

Schritt	Tätigkeit
1	
2	
3	
4	
5	
6	
7	
8	
9	
10	
11	
12	
13	
14	

5. Der Angebotsvergleich

> Nun sind Sie gefordert: Die „Creationis GmbH" hat einen enormen Papierdurchsatz und benötigt spätestens nächsten Monat eine Lieferung von 100 000 Blatt Universalpapier zum Kopieren und Drucken für Tintenstrahl- und Laserdrucker in A4.

Frau Dürrbeck

Arbeitsauftrag 1: Sammeln Sie einige Vorschläge, über welche Informationsquellen man Lieferanten für benötigte Waren finden kann.

....
....
....
....
....
....

Arbeitsauftrag 2: Recherchieren Sie in Gruppen im Internet nach mindestens 3 verschiedenen Anbietern für das benötigte Papier. Stellen Sie anschließend das günstigste Angebot, das Sie finden können, in übersichtlicher Form auf einer A3-Seite dar.

....
....
....
....
....
....

Arbeitsauftrag 3: Welche anderen Faktoren spielen neben dem Preis grundsätzlich auch eine wichtige Rolle bei der Lieferantenauswahl?

5. Angebotsvergleich

Frau Dürrbeck: Jetzt nur keine Müdigkeit vortäuschen, denn hier ist ein neuer Auftrag für Sie: Die „Creationis GmbH" hat für einen Kunden an mehrere Werbemittelhersteller Anfragen wegen der Lieferung von 1 000 Fußbällen mit Firmenaufdruck verschickt. Zwei dieser Angebote klingen besonders vielversprechend und Sie sollen sie nun miteinander vergleichen!

Angebot 1: Werbeartikel Fitgifts GmbH, Starnberg

...

Wir liefern nach Ihren Wünschen bedruckte Fußbälle in schwarzweiß, echtes Rindsleder (voll recyclingfähig) in hervorragender Ausführung: doppelt gezwirnte Nähte, Patentventil und hochwertiger Aufdruck. Preis pro Ball 16,20 €; Mengenrabatt bei Abnahme von 1 000 Stück 10 %; Lieferung frei Haus innerhalb einer Woche.

Bei Barzahlung innerhalb von 14 Tagen gewähren wir 3 % Skonto, bei einem Zahlungsziel von 30 Tagen zahlen Sie netto Kasse.

Das Angebot ist vier Wochen lang gültig. Ansonsten gelten unsere Allgemeinen Geschäftsbedingungen, die Sie auf der Rückseite dieses Schreibens finden.

Angebot 2: Werbemittel Hauschka GmbH & Co. KG, Freising

•••

Wir bieten Ihnen 1 000 bedruckte Fußbälle in schwarzweiß, hochwertiger Kunststoff in Lederoptik, Patentventil, nylongenäht, zum Stückpreis von 15,80 € an. Bei Abnahme von 1 000 Stück gewähren wir einen Mengenrabatt von 15 %.

Lieferung ab Werk, die Versandkosten betragen 12,00 € pro 100 Bälle. Für die Verpackung berechnen wir einen Pauschalbetrag von 50,00 € auf die gesamte Warenmenge. Die Lieferung erfolgt vier Wochen nach Bestelleingang.

Die Rechnungssumme ist binnen 4 Wochen zu begleichen. Bei Zahlung innerhalb von 10 Tagen gewähren wir 2 % Skonto auf den Warenpreis. Verpackung und Transportkosten bleiben davon ausgenommen.

Alle Preise verstehen sich netto, exklusive Mehrwertsteuer.

Die Ware bleibt bis zur vollständigen Bezahlung unser Eigentum. Erfüllungsort und Gerichtsstand ist für beide Teile Freising.

Im Übrigen gelten unsere umseitig abgedruckten Allgemeinen Geschäftsbedingungen.

•••

5. Angebotsvergleich

Arbeitsauftrag 4: Führen Sie einen Vergleich für die beiden vorliegenden Angebote durch.

	Angebot 1 Werbeartikel Fitgifts	**Angebot 2** Werbemittel Hauschka
Sonstige Faktoren:		

Arbeitsauftrag 5: Begründen Sie, für welches Angebot sich die „Creationis GmbH" unter Berücksichtigung aller Faktoren entscheiden sollte!

....
....
....
....

Arbeitsauftrag 6: Angenommen, Sie selber haben im Vorfeld die Anfragen an die Werbemittelhersteller geschrieben.

a) Welche Inhalte muss eine spezielle Anfrage mindestens enthalten?

....
....
....
....

b) Welche rechtliche Bedeutung hat eine Anfrage?

....
....
....
....

6. Exkurs: Das ökonomische Prinzip

Frau Dürrbeck

Kleiner Exkurs am Rande:
Angenommen, der Kunde, für den wir im Rahmen einer Werbekampagne u. a. Fußbälle als Werbemittel beschaffen, hätte im Vorfeld zu uns gesagt: „Ich will die beste Werbung für mein Geschäft zum günstigsten Preis! Machen Sie mir bitte dafür ein Angebot!" – Welches Problem hätte sich dann für uns ergeben?

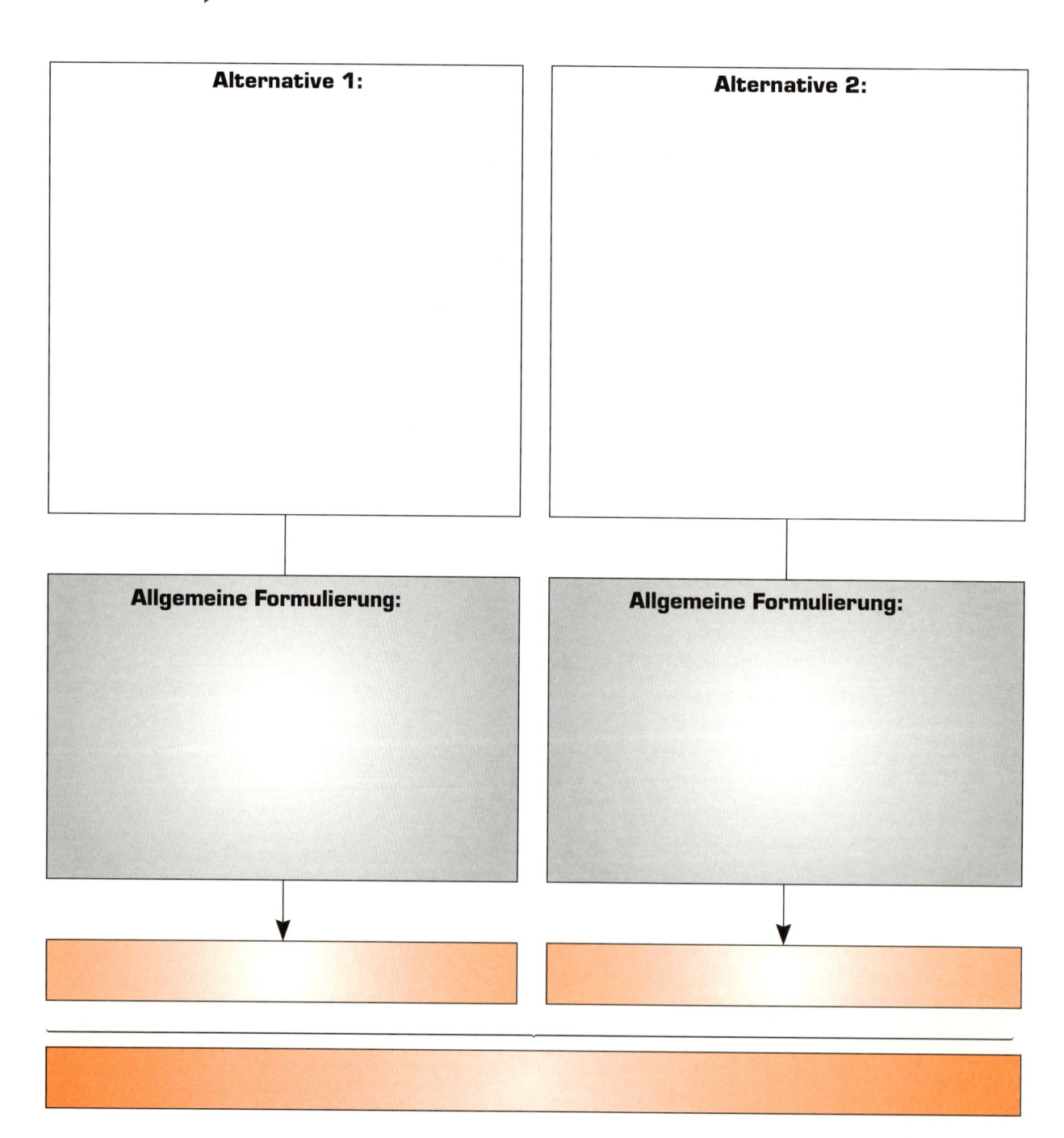

Alternative 1:	Alternative 2:
Allgemeine Formulierung:	**Allgemeine Formulierung:**

6. Exkurs: Das ökonomische Prinzip

Übungsaufgaben zum ökonomischen Prinzip:

Aufgabe 1: Entscheiden Sie bei folgenden Beispielen jeweils, ob das Maximal- oder Minimalprinzip verwirklicht wird.

Sie machen einen Angebotsvergleich für die Bestellung des benötigten Universalpapiers bei der Creationis GmbH, um den günstigsten Preis zu ermitteln.	
Dennoch entscheiden Sie sich nicht für den günstigsten Anbieter, weil Sie aus sicherer Quelle wissen, dass dieser seine Angestellten gnadenlos ausbeutet.	
Eine Druckerei ist bestrebt, die Ausschussquote bei einem bestimmten Druckauftrag möglichst gering zu halten.	
Die MitarbeiterInnen der Creationis GmbH sind angehalten, die Kaffeepausen nicht allzu lang auszudehnen, damit jeder in seiner täglichen Arbeitszeit möglichst viel erledigen kann.	
Die Auszubildende Isa will sich von ihrer ersten Ausbildungsvergütung möglichst von Kopf bis Fuß mit schicken Klamotten eindecken.	
Sie bestellen qualitativ gleichwertige Werbemittel bei dem Anbieter, der Ihnen den höchsten Rabatt einräumt.	
In der Mittagspause trinken Sie Ihren Cappuccino immer in einer bestimmten Cafébar, auch wenn er dort um 1,00 € teurer ist als in der Bar gleich nebenan.	

Aufgabe 2: Überlegen Sie, warum Menschen nicht immer rein ökonomisch handeln.

....
....
....

Aufgabe 3: Prüfen Sie, in welchem Fall das ökonomische Prinzip in Form des Maximalprinzips angewendet wird.

a) Ein Wohnungsbauunternehmen will in seinen Gebäuden die Heizungsanlagen erneuern und ermittelt durch einen Angebotsvergleich den günstigsten Anbieter.
b) Ein Baustoffgroßhändler setzt seine drei Fahrzeuge so ein, dass an einem Tag möglichst viele Kunden beliefert werden können.
c) Ein Busunternehmen will durch eine Streckenänderung seine Treibstoffkosten senken und die Auslastung der Fahrzeuge verbessern.
d) Ein Fischhändler will durch verstärkten Werbeaufwand seinen Umsatz steigern.
e) Ein Möbelhändler will durch eine erhebliche Preissenkung den Umsatz der Küchenabteilung steigern.

Aufgabe 4: Denken Sie sich zusammen mit Ihrem Banknachbarn ein eigenes Beispiel zum Minimal- und Maximalprinzip aus. Es muss dabei jeweils jemand aus der Klasse vorkommen!

....
....
....

7. AGB, Eigentumsvorbehalt, Erfüllungsort

Frau Dürrbeck: Bevor wir uns jetzt tatsächlich für ein Angebot entscheiden, sollten Sie sich vielleicht noch schlau machen, was das „Kleingedruckte" genau bedeutet … Ich werde Ihnen deshalb einige Arbeitsaufträge dazu stellen, die Sie bitte mit Hilfe Ihrer Lehrbücher und Unterstützung des Banknachbarn beantworten.

Arbeitsauftrag 1: Beschreiben Sie in einem Merksatz, was man unter den „Allgemeinen Geschäftsbedingungen" versteht, die beide Werbemittelhersteller in ihren Angeboten erwähnen.

Arbeitsauftrag 2: Welche Vorteile bieten die AGB dem Verkäufer und dem Käufer?

Arbeitsauftrag 3: Angenommen, in den AGB des Werbeartikelherstellers Fitgifts ist abgedruckt, dass Mengenrabatte grundsätzlich nicht gewährleistet werden können – obwohl es auf der Vorderseite anders steht! Welche Regelung gilt dann für uns – und warum?

7. AGB, Eigentumsvorbehalt, Erfüllungsort

Arbeitsauftrag 4: Der Werbemittelhersteller Hauschka schreibt in sein Angebot: *„Die Ware bleibt bis zur vollständigen Bezahlung unser Eigentum."* Dabei handelt es sich um einen so genannten „einfachen Eigentumsvorbehalt".

a) Klären Sie zunächst den Unterschied zwischen „Eigentum" und „Besitz" und halten Sie ihn in folgendem Merkkästchen fest:

b) Warum will die Firma Hauschka vertraglich einen Eigentumsvorbehalt vereinbaren?

....
....
....
....
....
....
....
....
....

Arbeitsauftrag 5: Neben dem „einfachen Eigentumsvorbehalt" wird außerdem zwischen dem „verlängerten Eigentumsvorbehalt" und dem „erweiterten Eigentumsvorbehalt" unterschieden. Füllen Sie nachfolgende Übersicht aus, in der Sie die drei Eigentumsvorbehaltsarten jeweils in einem Satz beschreiben.

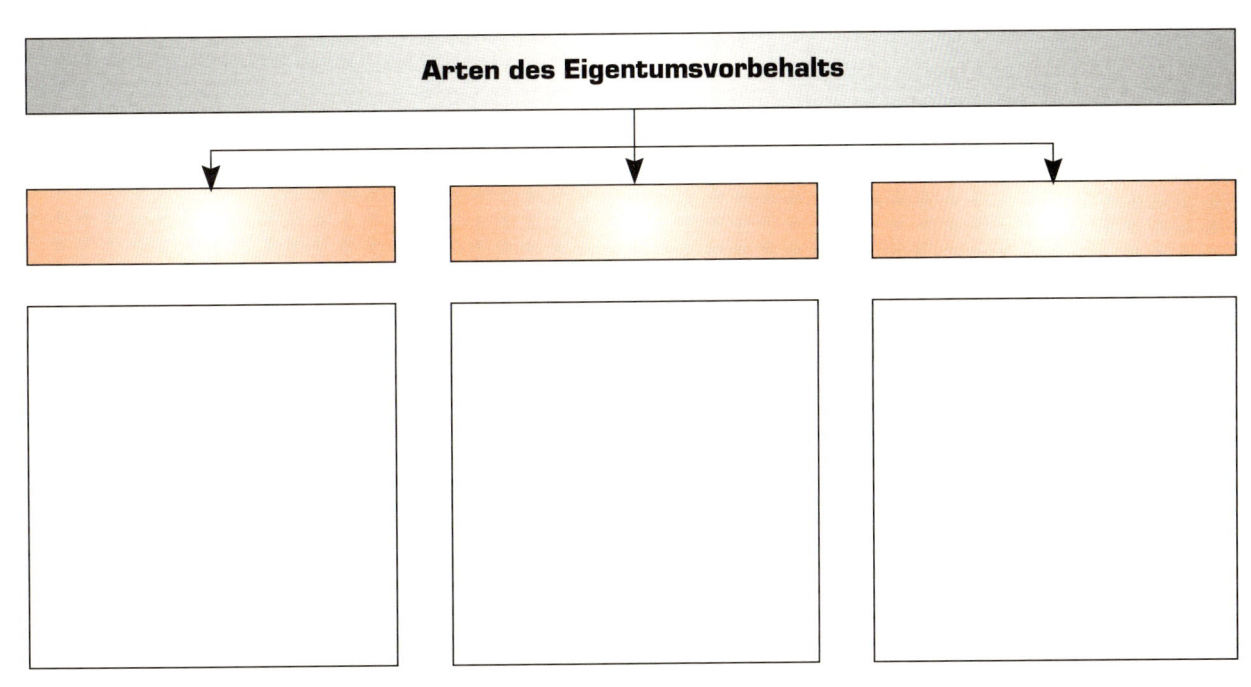

Arten des Eigentumsvorbehalts

7. AGB, Eigentumsvorbehalt, Erfüllungsort

Arbeitsauftrag 6: Beurteilen Sie, ob der einfache Eigentumsvorbehalt in dem Angebot der Werbemittelfirma Hauschka für die Creationis GmbH Sinn macht.

....

....

....

....

....

....

Arbeitsauftrag 7: Wann ist es als Lieferant sinnvoll, einen „erweiterten Eigentumsvorbehalt" zu vereinbaren?

....

....

....

....

....

....

Arbeitsauftrag 8:

> Wenn vertraglich nichts über den Erfüllungsort oder Gerichtsstand geregelt ist, gilt die gesetzliche Regelung gemäß BGB:
> - **Warenschulden sind Holschulden (Erfüllungsort beim Verkäufer)**
> - **Geldschulden sind Schickschulden (Erfüllungsort beim Käufer)**
> - **Gesetzlicher Gerichtsstand ist der jeweilige Wohn-/Geschäftssitz des Schuldners**

Im Angebot des Werbemittelherstellers Hauschka steht jedoch: *„Erfüllungsort und Gerichtsstand ist für beide Teile Freising."* Welche Vorteile hat das Unternehmen von dieser vertraglichen Vereinbarung?

....

....

....

....

....

....

....

....

Frau Dürrbeck: *Geschafft! Nun bitte tief durchatmen und das neu erworbene Wissen „verdauen"...*

7. AGB, Eigentumsvorbehalt, Erfüllungsort

Übungsaufgaben zu den sonstigen Vertragsbedingungen:

Aufgabe 1: Der Auszubildende Martin schließt mit seiner Bekannten Luise am 01.03. einen Kaufvertrag über einen gebrauchten PC ab. Er übergibt Luise den Computer am 03.03. und Luise überweist den vereinbarten Kaufpreis am 05.03. Am 08.03. hat Martin das Geld auf seinem Konto.

a) Zu welchem Zeitpunkt ist das Eigentum an dem Computer auf Luise übergegangen, wenn kein Eigentumsvorbehalt vereinbart wurde?

....
....
....
....
....

b) Wann wäre Luise Eigentümerin des Computers, wenn Martin auf einen Eigentumsvorbehalt bestanden hätte?

....
....
....
....
....
....

Aufgabe 2: Um welche Art des Eigentumsvorbehalts handelt es sich bei folgender Formulierung?

> „**Alle** gelieferten Waren bleiben **bis zur Erfüllung sämtlicher Zahlungsverpflichtungen** unser Eigentum. Zu Verpfändung und Sicherheitsübereignung ist der Käufer nicht berechtigt. Der Eigentumsvorbehalt bleibt wirksam bei Vermischen und/oder Verarbeitung und erstreckt sich alsdann anteilmäßig auf das neue Gesamtprodukt."

....
....
....
....
....
....

Aufgabe 3: Sie finden beim Spaziergang eine goldene Halskette. Welches Recht erwerben Sie augenblicklich an der Sache?

a) Sie erwerben Besitz.
b) Sie erwerben Eigentum.
c) Sie erwerben Eigentum und Besitz.
d) Sie erwerben das uneingeschränkte Nutzungsrecht.
e) Sie erwerben keinerlei Rechte.

7. AGB, Eigentumsvorbehalt, Erfüllungsort

Aufgabe 4: Die Verwendung von AGB hat Vor- und Nachteile für die Geschäftspartner. Prüfen Sie, welche Beurteilung zutrifft.

a) Die AGB haben stets Vorrang vor individuellen Abreden. Davon abweichende mündlich getroffene Vereinbarungen sind daher rechtlich unwirksam.

b) Durch die gesetzlichen Regelungen der AGB sind Kaufleute besonders geschützt und brauchen sich nicht mehr mit dem Inhalt der AGB zu befassen.

c) Da die allgemeinen Vertragsinhalte nicht mehr mit jedem einzelnen Vertrag ausgehandelt werden müssen, entsteht durch die Verwendung von AGB ein erheblicher Rationalisierungseffekt.

d) Der gesamte Vertrag ist nichtig, wenn die AGB auch nur einen Punkt beinhalten, der gegen die gesetzlichen Regelungen zu den Schuldverhältnissen verstößt.

e) Da bei der Verwendung von AGB individuelle Vereinbarungen grundsätzlich ausgeschlossen sind, können besondere Wünsche der Vertragspartner nicht berücksichtigt werden.

Aufgabe 5: Die Werbeagentur Creationis GmbH in München hat einen Kaufvertrag mit dem Büromöbelhersteller novum gmbh in Rosenheim über eine komplett neue Büroausstattung geschlossen. Es gilt der gesetzliche Erfüllungsort. Stellen Sie fest, welche der folgenden Aussagen dann richtig ist.

a) Der Erfüllungsort für die Warenlieferung ist München, der für die Zahlung Rosenheim.

b) Der Erfüllungsort sowohl für die Warenlieferung als auch für die Zahlung ist München.

c) Der Erfüllungsort sowohl für die Warenlieferung als auch für die Zahlung ist Rosenheim.

d) Der Erfüllungsort für die Warenlieferung und für die Zahlung kann wahlweise München oder Rosenheim sein.

e) Der Erfüllungsort für die Warenlieferung ist Rosenheim, der für die Zahlung München.

Aufgabe 6: Als Zahlungsziel steht in einer Lieferantenrechnung „Zahlung bis zum 10.09." Welche Bedeutung hat dieses Datum, wenn …

a) der gesetzliche Erfüllungsort gilt?

....
....
....

b) vertraglich der Erfüllungsort beim Lieferanten vereinbart wurde?

....
....
....

Sie holen zwei Angebote für die Lieferung von bedruckten T-Shirts ein. Für welches sollten Sie sich entscheiden, wenn Sie insgesamt 120 Stück bestellen wollen?

Angebot 1	Angebot 2
Listeneinkaufspreis: 25,00 € je Stück	**Listeneinkaufspreis:** 23,50 € je Stück
Rabatt: bis 50 St. = 5 %, ab 100 St. = 10 %	**Rabatt:** 8 %
Skonto: 3 % bei Zahlung innerhalb von 8 Tagen	**Skonto:** 2 % bei Zahlung innerhalb von 10 Tagen
Lieferung: frei Haus	**Lieferung:** pauschal 150,00 €
Verpackung: 0,75 € je Stück	**Verpackung:** 5,00 € je 10 Stück

8. Zustandekommen des Kaufvertrags

Ein **Kaufvertrag** kommt durch **zwei übereinstimmende Willenserklärungen** zustande, die als .... und .... bezeichnet werden.

> In den letzten Stunden haben Sie für unsere Firma zum einen die Papierbeschaffung und zum anderen die Werbemittelbeschaffung vorbereitet. Überlegen Sie bitte, auf welche unterschiedliche Art und Weise in beiden Fällen jeweils ein Kaufvertrag zustande kommt!

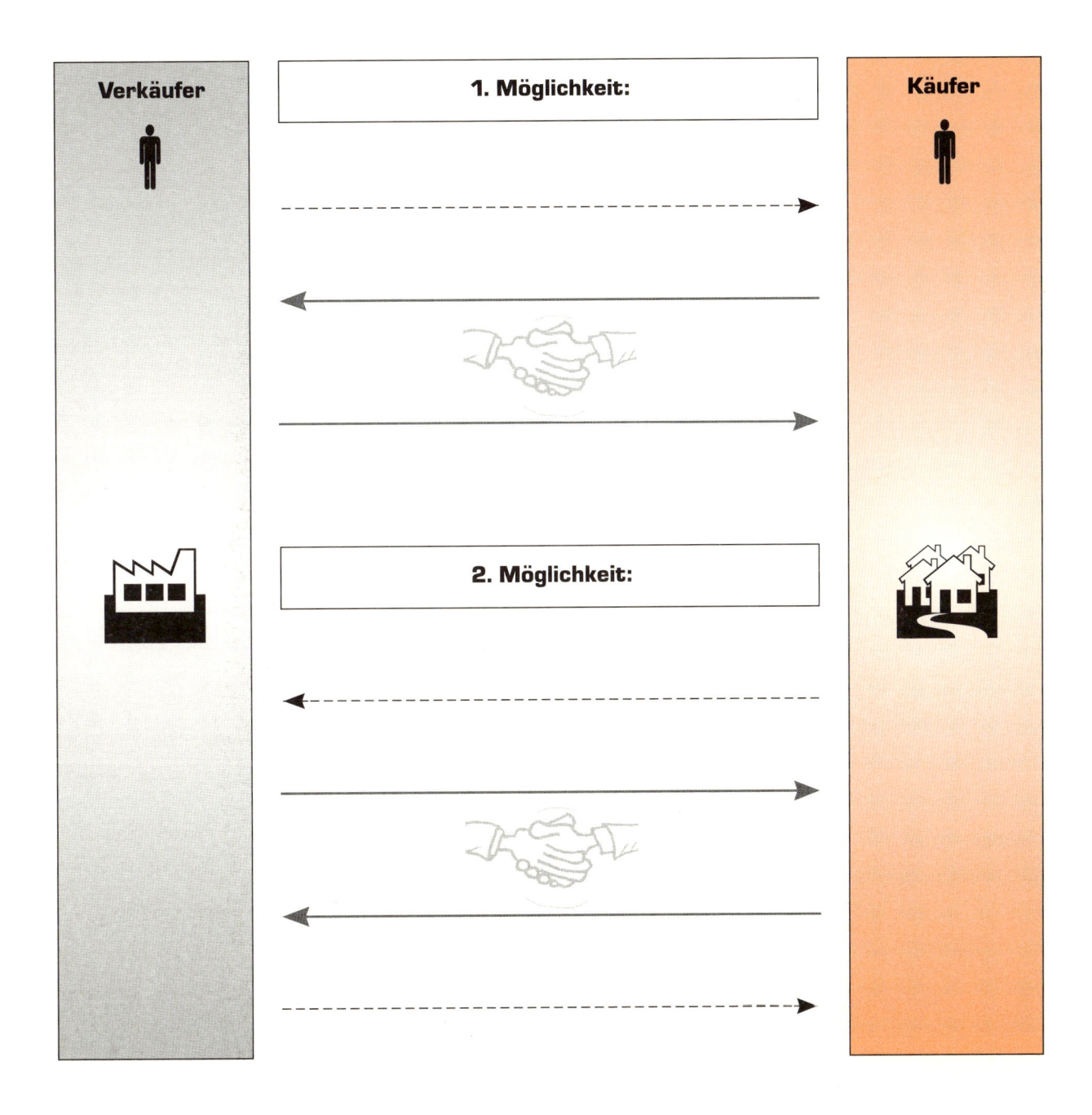

Frau Dürrbeck

| Verkäufer | 1. Möglichkeit: | Käufer |

| Verkäufer | 2. Möglichkeit: | Käufer |

8. Zustandekommen des Kaufvertrags

Arbeitsauftrag 1: Kreuzen Sie jeweils an, ob und wie ein gültiger Kaufvertrag zustande gekommen ist. Für die Beurteilung gilt immer die am Ende des Falls vorliegende Situation!

Fälle	Antrag		Annahme		Kaufvertrag	
	Käufer	Verkäufer	Käufer	Verkäufer	Ja	Nein
Ein Versandhaus sendet Ihnen einen Katalog zu. Sie bestellen nach diesem Katalog ein Heizkissen. Das Versandhaus liefert umgehend und legt die Rechnung bei.						
Im Schaufenster eines Elektrogeschäftes steht ein Radiorekorder, ausgezeichnet für 170,00 €. Tobias (18 Jahre) geht in das Geschäft und verlangt dieses Gerät. Nach Aushändigung zahlt er an der Kasse.						
Franz verkauft Trödel auf dem Flohmarkt. Er spricht einen vorbeigehenden Passanten an, ob dieser nicht seine alte Schallplattensammlung für 50,00 € kaufen wolle. Der Passant schaut sich die Platten an und gibt Franz das Geld.						
Franz bietet einem anderen Interessenten ein Buch für 2,00 € an. Der Mann gibt ihm wortlos 1,50 € und will das Buch mitnehmen.						
Ein Bürogroßhändler bietet der „Creationis GmbH" aufgrund einer Anfrage schriftlich Farbpatronen für Tintenstrahldrucker zum Preis von 29,00 € je Stück an. Sie bestellen daraufhin im Namen der Firma 60 Stück – nachdem Sie aber vorher telefonisch den Preis noch auf 28,00 € je Stück gedrückt haben.						
Der Sporteinzelhändler Müller bestellt per Brief 50 Jogginganzüge zum Preis von 49,00 € bei der „Sportwelt KG". Am selben Tag, an dem er den Auftrag weggeschickt hat, erhält er ein Angebot einer anderen Firma über viel günstigere Jogginganzüge gleicher Qualität. Er ruft deshalb sofort bei der Sportwelt KG an und widerruft seinen – noch nicht angekommen – Auftrag.						

Wichtig:

➤ Eine Änderung des Vertragsinhalts _____
_____

➤ Der Widerruf einer Bestellung _____
_____
_____

➤ Ein Kaufvertrag kann _____
_____

8. Zustandekommen des Kaufvertrags

> Gut, grundsätzlich sollten Sie nun wissen, wie ein Kaufvertrag zustande kommt. Aber wie sieht es eigentlich mit der Gültigkeit von Angeboten aus? Inwiefern bzw. wie lange kann ich mich denn auf die angegebenen Preise verlassen? Schauen wir bzw. Sie doch mal ...

Frau Dürrbeck

Arbeitsauftrag 2: Beurteilen Sie folgende Fälle mit Hilfe des Auszugs aus dem BGB.

§ 145: Bindung an den Antrag
Wer einem anderen die Schließung eines Vertrags anträgt, ist an den Antrag gebunden, es sei denn, dass er die Gebundenheit ausgeschlossen hat.

§ 146: Erlöschen des Antrags
Der Antrag erlischt, wenn er dem Antragenden gegenüber abgelehnt oder wenn er nicht diesem gegenüber nach den §§ **147** bis **149** rechtzeitig angenommen wird.

§ 147: Annahmefrist
(1) Der einem Anwesenden gemachte Antrag kann nur sofort angenommen werden. Dies gilt auch von einem mittels Fernsprecher [...] von Person zu Person gemachten Antrag.

(2) Der einem Abwesenden gegenüber gemachte Antrag kann nur bis zu dem Zeitpunkt angenommen werden, in welchem der Antragende den Eingang der Antwort unter regelmäßigen Umständen erwarten darf.

§ 148: Bestimmung einer Annahmefrist
Hat der Antragende für die Annahme des Antrags eine Frist bestimmt, so kann die Annahme nur innerhalb der Frist erfolgen.

a) Angenommen, wir bestellen die bedruckten Fußbälle bei der Werbemittel Hauschka GmbH & Co. KG zwei Tage nach Eingang des Angebots schriftlich. Kommt ein gültiger Kaufvertrag zustande?

....
....

b) 2 Wochen später bestellen Sie im Auftrag unseres Werbekunden noch einmal 500 Bälle bei „Werbemittel Hauschka" nach – zu gleichen Bedingungen wie das damalige Angebot. Gilt der Kaufvertrag?

....
....
....

c) Sie gehen shoppen und wollen einen Gutteil Ihrer unermesslich hohen Ausbildungsvergütung in neue Kleidung investieren. In einer kleinen Boutique bietet Ihnen die Verkäuferin die letzte Lederjacke einer auslaufenden Kollektion zu einem absoluten Schnäppchenpreis an. Sie können sich aber nicht gleich entscheiden, was Sie einige Stunden später bereuen – deshalb gehen Sie noch einmal dorthin und wollen die Jacke zu dem Schnäppchenpreis erwerben. Zu Recht?

....
....

Arbeitsauftrag 3: Durch welche Formulierungen kann man die Verbindlichkeit eines Angebots ausschließen?

....
....
....

8. Zustandekommen des Kaufvertrags

Pflichten aus dem Kaufvertrag und möglichen Störungen:

9. Kaufvertragsstörungen (I) – Der Lieferungsverzug

Frau Dürrbeck: So, nun haben wir bei der Firma „Werbeartikel Fitgifts" unsere bedruckten Fußbälle bestellt und was ist? Obwohl im Kaufvertrag eindeutig festgelegt wurde „Lieferzeit innerhalb einer Woche" sind sie immer noch nicht eingetroffen... Unser Kunde wartet doch darauf, weil er die Fußbälle für einen von ihm veranstalteten Event benötigt ! Was machen wir denn jetzt?

Arbeitsauftrag 1: Zuerst müssen wir klären, welche rechtlichen Regelungen für den Lieferungsverzug gelten. Lesen Sie dazu bitte folgenden Text durch und erstellen Sie anschließend ein übersichtliches, knappes Schaubild mit den wesentlichen Informationen.

1. Voraussetzungen für das Vorliegen eines Lieferungsverzugs:

Der Kaufvertrag verpflichtet den Lieferer, die Ware rechtzeitig zum vertraglich vereinbarten Termin – also bei Fälligkeit – zu liefern. Kommt er dieser Pflicht nicht nach, liegt Lieferungsverzug vor. Der Lieferer muss jedoch an dieser Pflichtverletzung selbst schuld sein. Unter Verschulden versteht man fahrlässige oder vorsätzliche Handlungen. Falls er z.B. wegen höherer Gewalt unschuldig ist, muss er dies beweisen können.

Außerdem ist eine Mahnung des Käufers notwendig, um den Lieferer rechtlich in Lieferungsverzug zu setzen. Wenn der Liefertermin jedoch nach dem Kalender festgelegt (z.B. „bis Ende März", „in der 9. KW") bzw. bestimmbar ist (z.B. „3 Tage nach Abruf", „innerhalb von 1 Woche nach Bestelleingang"), entfällt die Pflicht zur Mahnung. Dasselbe gilt für das so genannte „Fixgeschäft", bei dem die Lieferung exakt an einem bestimmten Tag geliefert werden soll – festgehalten durch vertragliche Zusätze wie „Lieferung genau am...", „Lieferung am ... fix". Auch wenn ein „Zweckkauf" vorliegt, wie z.B. ein Hochzeitsbuffet, muss nicht extra gemahnt werden, denn hier ist auch klar, dass die Lieferung nur an dem einen bestimmten Tag Sinn macht. Setzt der Lieferer sich selbst in Verzug indem er von sich aus einen kalendermäßig vereinbarten Liefertermin absagt und einen neuen nennt – oder verweigert er sogar endgültig die Lieferung, entfällt eine Mahnung ebenso.

2. Rechte des Käufers bei Lieferungsverzug:

Sind alle Voraussetzungen erfüllt, befindet sich der Lieferer in Lieferungsverzug und der Käufer kann seine Rechte geltend machen. So kann er z.B. weiterhin auf die Lieferung bestehen. Entsteht dem Käufer durch die verspätete Lieferung ein Schaden, z.B. dass er als Händler seinerseits die Lieferpflicht nicht rechtzeitig erfüllen kann und eine Vertragsstrafe zahlen muss, hat der Verkäufer diesen entstandenen Verzögerungsschaden zu ersetzen. Der Käufer kann aber auch vom Vertrag zurücktreten – wenn er dem Lieferer vorher eine angemessene Nachfrist gesetzt hat. Handelt es sich um einen Fix- oder Zweckkauf, ist eine Nachfristsetzung jedoch nicht nötig. Auch wenn der Lieferer von sich aus sagt, dass er erst viel später als vereinbart oder sogar gar nicht mehr liefern kann, muss der Käufer keine Nachfrist setzen sondern kann gleich vom Vertrag zurücktreten.

Zusätzlich zum Rücktritt kann der Käufer gegebenenfalls auch noch Schadensersatz statt der Leistung beim Lieferer geltend machen. Dies ist z.B. dann möglich, wenn man sich die dringend benötigte Ware bei einem anderen Lieferer zu einem höheren Preis beschaffen muss, also einen so genannten „Deckungskauf" vornimmt.

9 Kaufvertragsstörungen (I) – Der Lieferungsverzug

Arbeitsauftrag 2: Wie beurteilen Sie jetzt die Situation – befindet sich die Firma „Werbeartikel Fitgifts" bereits in Lieferungsverzug oder nicht?

....
....
....
....
....
....
....
....
....
....

Arbeitsauftrag 3: Was sollten wir als Werbeagentur beim nächsten Mal hinsichtlich der Lieferungsbedingungen besser machen?

....
....
....
....
....
....
....
....
....

Arbeitsauftrag 4: Was kann die Creationis GmbH nun tun? Wägen Sie zusammen mit Ihrem Banknachbarn begründet ab, von welchem Recht die Werbeagentur Creationis im Falle der nicht rechtzeitig gelieferten Fußbälle Gebrauch machen sollte.

....
....
....
....
....
....
....
....
....
....
....
....
....
....

9 Kaufvertragsstörungen (I) – Der Lieferungsverzug

Übungsaufgaben zum Lieferungsverzug:

Aufgabe 1: Bei welchen der folgenden Liefertermine (Mehrfachantworten möglich) muss erst gemahnt werden, damit der Lieferer in Verzug kommt?

a) Lieferung am 22. August

b) Lieferbar ab Januar

c) Lieferung im Laufe der zweiten Novemberwoche

d) Lieferung bis 31.07.

e) Lieferung am 23.09. fix

g) Lieferung sofort

Aufgabe 2: Angenommen, ein Konditor wäre pünktlich um 13:00 Uhr mit den bestellten Kuchen und Torten für die Creationis-Weihnachtsfeier losgefahren, und hätte laut Vertrag spätestens um 14:00 Uhr dort eintreffen sollen. Mitten auf der Autobahn ereignet sich dann 800 m vor ihm eine Massenkarambolage, so dass er daraufhin 5 Stunden im Stau steht – und den Kuchen erst abends in der Werbeagentur vorbeibringen könnte. Erläutern Sie, welches Recht die Creationis GmbH in diesem Fall hat?

....
....
....
....
....
....
....
....
....
....

Aufgabe 3: Ihr Ausbildungsbetrieb hat Ware bestellt, die an einen Ihrer Kunden ausgeliefert werden soll. Nun hat sich der Verkäufer selbst in Verzug gesetzt und sagt, dass die Ware erst in ca. drei Wochen geliefert werden kann. Von welchem Recht würden Sie in folgenden Situationen Gebrauch machen?

a) Die Ware ist inzwischen bei einem anderen Lieferanten billiger geworden.

....
....
....

b) Die Ware ist bei anderen Lieferanten inzwischen teurer geworden.

....
....
....

10. Kaufvertragsstörungen (II) – Die mangelhafte Lieferung (Schlechtleistung)

Frau Dürrbeck: Puh! Der Lieferwagen mit den bestellten Fußbällen ist soeben unten im Hof eingetroffen. Wurde aber auch dringend Zeit! Ich kann mich jetzt allerdings gerade nicht darum kümmern – würden Sie das bitte übernehmen?

Arbeitsauftrag 1: Was sollten Sie nun in welcher Reihenfolge tun?

....
....
....
....
....
....

Kurze Zeit später müssen Sie Frau Dürrbeck leider bei ihrer Arbeit unterbrechen und ihr Folgendes mitteilen:

Es tut mir leid, dass ich Sie stören muss, Frau Dürrbeck, aber bei der stichprobenhaften Prüfung der bestellten Fußbälle ist mir so einiges aufgefallen:

- In zwei Kartons waren nur jeweils 95 bzw. 98 Fußbälle anstatt der 100, die auf dem Lieferschein standen.
- Dann habe ich einen Fußball in die Hand genommen – und konnte den Aufdruck kaum lesen, so blass und unscheinbar war er. Also von wegen „hochwertig" wie vollmundig angepriesen ...
- Außerdem fehlt beim Aufdruck die Rechtsform unseres Kunden, die doch auch mit drauf stehen sollte.
- Herr Lindemann, der auch dabei war, hat probeweise an einem der Patentventile gewackelt – und festgestellt, dass es recht locker im Ball befestigt ist.
- Dann hat er mal versucht, einen Ball aufzupumpen, was auch zunächst trotz des lockeren Ventils ging – aber kurz darauf hörten wir die Luft schon wieder an anderer Stelle rauszischen. Irgendwo muss ein Loch im Ball gewesen sein.
- ... Und zu guter Letzt waren in einem Karton gar keine Fußbälle, sondern Basketbälle mit einem ganz anderen Firmenaufdruck!

10. Kaufvertragsstörungen (II) – Die mangelhafte Lieferung (Schlechtleistung)

Arbeitsauftrag 2: Tragen Sie zunächst die beschriebenen Mängel, mit denen die Creationis GmbH bei der Fußballlieferung konfrontiert ist, in die folgende Übersicht der Mängelarten nach BGB ein:

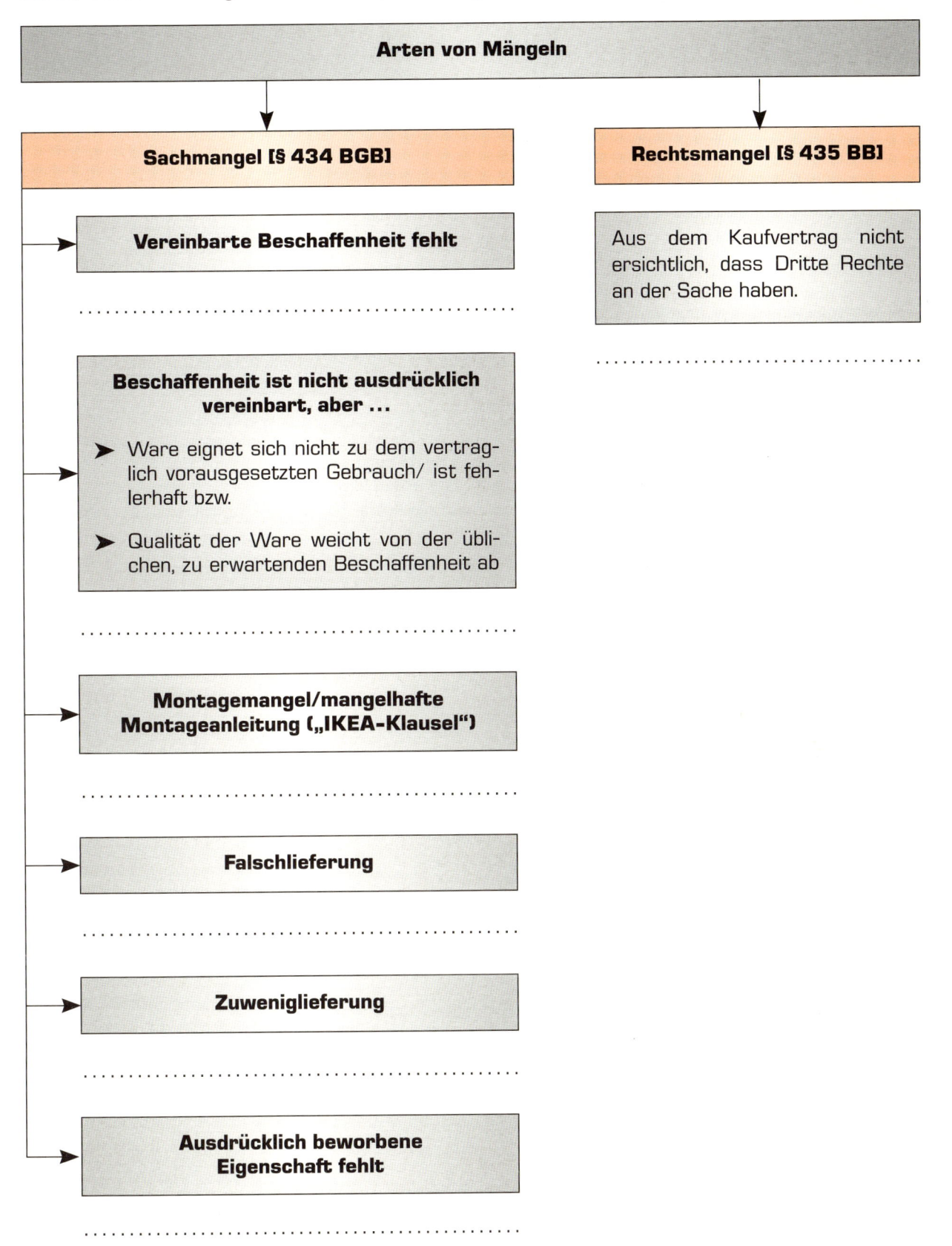

Arten von Mängeln

Sachmangel [§ 434 BGB]

Vereinbarte Beschaffenheit fehlt

....

Beschaffenheit ist nicht ausdrücklich vereinbart, aber ...

➤ Ware eignet sich nicht zu dem vertraglich vorausgesetzten Gebrauch/ ist fehlerhaft bzw.

➤ Qualität der Ware weicht von der üblichen, zu erwartenden Beschaffenheit ab

....

Montagemangel/mangelhafte Montageanleitung („IKEA-Klausel")

....

Falschlieferung

....

Zuweniglieferung

....

Ausdrücklich beworbene Eigenschaft fehlt

....

Rechtsmangel [§ 435 BB]

Aus dem Kaufvertrag nicht ersichtlich, dass Dritte Rechte an der Sache haben.

....

10. Kaufvertragsstörungen (II) – Die mangelhafte Lieferung (Schlechtleistung)

Arbeitsauftrag 3: Informieren Sie sich nun anhand des folgenden Textes, welche Rechte der Käufer hat, wenn eine mangelhafte Lieferung vorliegt. Erstellen Sie dann ein übersichtliches Schaubild dazu und vergleichen Sie es anschließend mit Ihrem Banknachbarn.

Rechte des Käufers bei mangelhafter Lieferung (= Gewährleistungsansprüche) nach BGB:

Wenn die mangelhafte Lieferung (Schlechtleistung) rechtzeitig beanstandet wird, hat der Käufer folgende Rechte:

Vorrangig vor allen anderen Rechten muss der Käufer dem Verkäufer zunächst das Recht auf Nacherfüllung einräumen. Dabei hat der Käufer die Wahl zwischen einer Nachbesserung des Mangels und einer Neulieferung der Ware. Der Verkäufer kann das vom Käufer gewählte Recht jedoch verweigern und vom anderen Gebrauch machen, wenn unverhältnismäßig hohe Kosten für ihn entstehen würden (z. B. statt einer vom Käufer geforderten, aber für den Verkäufer sehr aufwändigen Nachbesserung eines Mangels eine Neulieferung vornehmen).

Alle anderen Rechte des Käufers sind nachrangig, das heißt, der Käufer muss dem Verkäufer in der Regel insgesamt zwei Nacherfüllungsversuche gewähren, ehe er von weiteren Rechten Gebrauch machen kann. Wenn aber trotz zweimaliger Nacherfüllungsversuche immer noch ein Mangel an der Sache vorliegt, eine Nacherfüllung dem Käufer unzumutbar ist, der Verkäufer eine Nacherfüllung generell verweigert – bzw. vielleicht gar nicht nacherfüllen kann oder eine vom Käufer gesetzte Nacherfüllungsfrist erfolglos abgelaufen ist, kann der Käufer zwischen folgenden Rechten wählen:

Zum einen kann er eine Minderung des Kaufpreises verlangen, aber den Kaufvertrag grundsätzlich aufrechterhalten. Er kann jedoch auch komplett vom Kaufvertrag zurücktreten, wenn es sich um größere Mängel an der Kaufsache handelt.

Außerdem hat der Käufer auch das Recht, gegebenenfalls Schadensersatz zu verlangen, wenn ihm nachweislich durch die mangelhafte Ware ein erkennbarer finanzieller Schaden entstanden ist. Das setzt allerdings ein Verschulden des Verkäufers voraus und ist bei geringfügigen Mängeln ausgeschlossen.

Arbeitsauftrag 4: Überlegen Sie zusammen mit Ihrem Banknachbarn, was die Creationis GmbH jetzt im Hinblick auf die mangelhafte Lieferung der Fußbälle machen sollte. Begründen Sie Ihre Entscheidung!

10. Kaufvertragsstörungen (II) – Die mangelhafte Lieferung (Schlechtleistung)

> Ach du meine Güte, ich sehe gerade, dass das bestellte Universalpapier bereits seit letzter Woche in unserem Lager liegt – aber anscheinend noch gar nicht auf Mängel untersucht worden ist! Wie konnte das passieren?

Frau Dürrbeck

Zur Erfüllung des Kaufvertrages muss der Verkäufer die Ware in einwandfreiem Zustand liefern. Ob ein Mangel vorliegt, lässt sich jedoch nicht immer sofort feststellen. Deshalb unterscheidet man zwischen **offenen** und **versteckten Mängeln.** Wenn der Verkäufer einen ihm bekannten Mangel der Ware beim Verkauf nicht nennt, liegt ein **arglistig verschwiegener Mangel** vor.

Je nachdem, ob es ein **zweiseitiger** oder ein **einseitiger Handelskauf** bzw. ein **bürgerlicher Kauf** ist, muss der Käufer die Ware entsprechend prüfen und **bestimmte Fristen** für die Meldung des Mangels einhalten – sonst **verjähren die Gewährleistungsansprüche**!

Übersicht über die Prüf- und Rügefristen bei Mängelansprüchen:

	Offene Mängel	Versteckte Mängel
Zweiseitiger Handelskauf		
Einseitiger Handelskauf/ Verbrauchsgüterkauf		
Bürgerlicher Kauf		

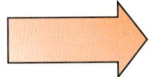

10. Kaufvertragsstörungen (II) – die mangelhafte Lieferung (Schlechtleistung)

Übungsaufgaben zur mangelhaften Lieferung:

Aufgabe 1: Frau Dürrbeck schickt Sie sofort in den Lagerraum, um die Lieferung an Universalpapier genauer in Augenschein zu nehmen. Dabei sehen Sie auf den ersten Blick, dass mehrere Kartons große Wasserflecken aufweisen – die sich leider auch auf das Papier im Inneren ausgewirkt haben, wie Sie beim Öffnen eines Kartons feststellen. Wie beurteilen Sie Ihre Rechtsansprüche in diesem Fall?

Wer war das???

....
....
....
....

Sieht doch ganz in Ordnung aus

Aufgabe 2: Angenommen, Sie kaufen einen gebrauchten Sportwagen (1. Hand) von einem Privatmann als garantiert unfallfrei – aber zwei Jahre und ein Monat nach dem Kauf kommt heraus, dass die Karosserie durch einen früheren Unfall stark verzogen ist. Inwiefern haben Sie noch rechtliche Ansprüche gegen den Verkäufer?

....
....
....
....

Aufgabe 3: Aus lauter Frust über den Sportwagen gehen Sie ein paar Tage später mal wieder shoppen. Sie erstehen dabei eine coole Sonnenbrille, ein todschickes Paar neuer Schuhe und einen topaktuellen MP3-Player. Doch irgendwie sind Ihre Einkäufe zurzeit nicht von Erfolg gekrönt...

Mit 2 Gläsern kommt sie eindeutig cooler ...

a) Kaum packen Sie daheim Ihre Sonnenbrille aus, um Sie stolz Ihrem Partner vorzuführen – da fällt Ihnen ein Brillenglas in den Schoß – und Ihr Partner vor Lachen fast vom Sofa! Was machen Sie denn jetzt?

....
....
....

Die Waffen der Frau?

b) Noch stärker frustriert von der kaputten Brille laufen Sie dann mit Ihren neuen High-Heels ein paar Meter Probe in der Wohnung. Allerdings stellen Sie ziemlich schnell fest, dass Sie wohl leider keine 100 Meter am Stück auf diesen Dingern stehen können, ohne einen bleibenden Wirbelsäulenschaden oder einen gebrochenen Knöchel zu riskieren. Dumm nur, dass sie ziemlich teuer waren... Welche Chancen haben Sie, Ihr Geld zurückzubekommen?

....
....
....
....

10. Kaufvertragsstörungen (II) – Die mangelhafte Lieferung (Schlechtleistung)

c) Auf den MP3-Player gibt es laut Herstellerangabe „2 Jahre Garantie".

Nach einem Jahr gibt er leider bereits den Geist auf (muss wohl an Ihrem Musikgeschmack gelegen haben...?). Haben Sie durch die Garantie nun einen Vorteil gegenüber der „normalen" Gewährleistung?

Was bedeutet das eigentlich?

....
....
....
....
....
....
....

Aufgabe 4: Um welche Mangelarten nach BGB handelt es sich bei folgenden Beispielen?

a) Ihr Ausbildungsbetrieb bestellt 1 000 Briefumschläge im Corporate Design der Firma. Als sie eintreffen, sind einige von ihnen jedoch bereits verknickt.

....
....
....

b) Sie liefern an einen Kunden der Werbeagentur eine Imagebroschüre aus, in der Sie Bilder aus dem Internet herauskopiert haben.

....
....
....

c) Sie bestellen als aktuelles Werbemittel für ein großes Sportereignis in Deutschland 5 000 Kugelschreiber in Deutschlandfarben mit Firmenaufdruck. Es werden jedoch stattdessen schwarz-rot-goldene Bleistifte ausgeliefert.

....
....
....

Aufgabe 5: Ihre Chefin sagt, die verknickten Umschläge seien nicht so schlimm und Sie sollten versuchen, deshalb gleich den Gesamtpreis beim Lieferanten um 10 % zu mindern. Beurteilen Sie die Rechtslage im Hinblick auf diese Forderung!

....
....
....
....
....
....
....

10. Kaufvertragsstörungen (II) – Die mangelhafte Lieferung (Schlechtleistung)

Aufgabe 6: Ihr Ausbildungsbetrieb kauft bei der novum gmbh eine komplett neue Büroausstattung. Überlegen Sie sich für jede der folgenden Mangelarten zwei Beispiele – bezogen auf die Möbellieferung (Tische, Stühle, Regale, Handelswaren wie z.B. Kopiergeräte und PC's):

Offene Mängel	
Versteckte Mängel	
Arglistig verschwiegene Mängel	

Aufgabe 7: Bringen Sie die Anspruchsvoraussetzungen für das Recht des Käufers auf Schadensersatz bei mangelhafter Lieferung in eine logische Reihenfolge.

	Der Käufer setzt eine Frist für die Nacherfüllung.
	Der Verkäufer verletzt seine Vertragspflichten durch eine Schlechtleistung.
	Es besteht ein wirksamer Vertrag zwischen Käufer und Verkäufer.
	Die Nacherfüllungsfrist läuft erfolglos ab (Nichtleistung oder Schlechtleistung durch den Verkäufer).
	Der Verkäufer hat die Schlechtleistung selbst zu vertreten.
	Rechtmäßiger Schadensersatzanspruch des Käufers gegen den Verkäufer.

11. Kaufvertragsstörungen (III) – Der Annahmeverzug

> Ich bekomme noch einen Anfall wegen der bedruckten Fußbälle – das artet ja zu einer unendlichen Geschichte aus! Nun hat uns die Firma „Werbeartikel Fitgifts" endlich mangelfreie Ware geliefert und wir haben sie schnellstmöglich zu unserem Kunden gefahren, der ja bereits seit einer Woche angeblich dringend darauf wartet – und was ist? Er weigerte sich, sie anzunehmen, weil der Event, zu dem er sie dringend brauchte, ganz kurzfristig abgesagt sei. Also musste unser Lieferwagenfahrer unverrichteter Dinge mit den Bällen wieder abfahren – und nun stehen die ganzen Kartons bei uns in der Agentur rum. Was sollen wir jetzt tun?

Frau Dürrbeck

Bearbeitungshinweis:
Lösen Sie die folgenden Aufgaben in einem Dreierteam. Als Hilfsmittel stehen Ihnen das Internet, das Lehrbuch und Gesetzestexte (HGB und BGB) zur Verfügung. Jedes Teammitglied muss anschließend alle Ergebnisse schriftlich in den eigenen Unterlagen haben!

Arbeitsauftrag 1: Beurteilen Sie, ob im Ausgangsfall ein Annahmeverzug im rechtlichen Sinne vorliegt.

Arbeitsauftrag 2: Treffen Sie eine begründete Entscheidung, wie sich die Creationis GmbH in diesem Fall verhalten soll.

Arbeitsauftrag 3: Beurteilen Sie die Rechtslage, wenn der Lieferwagen auf dem Rückweg zur Creationis GmbH unverschuldet einen Unfall gehabt hätte, bei dem ein Großteil der Fußbälle zerstört worden wäre.

Arbeitsauftrag 4: Fassen Sie die wesentlichen Inhalte zum Thema „Annahmeverzug" in einer übersichtlichen Struktur auf maximal einer A4-Seite als „Spickzettel" zusammen.

11. Kaufvertragsstörungen III – Der Annahmeverzug

„Spickzettel" zum Thema Annahmeverzug:

11. Kaufvertragsstörungen III – Der Annahmeverzug

Übungsaufgaben zum Annahmeverzug:

Aufgabe 1: In welchen Fällen liegt ein Annahmeverzug vor?
a) Der Käufer hat die schriftliche Bestellung einer Ware rechtswirksam widerrufen und verweigert nun die Annahme der trotzdem zugesandten Ware.
b) Der Käufer verweigert am 20.10. die Annahme einer Ware, deren Lieferung am 19.10. für eine Veranstaltung fix zugesagt war.
c) Der Käufer verweigert die Annahme einer bestellten Ware, weil er sie inzwischen bei einem anderen Lieferer günstiger erworben hat.
d) Der Käufer kann eine bestellte Ware nicht annehmen, weil sein Betrieb bestreikt wird.
e) Der Käufer verweigert die Annahme einer Ware mit offenen, aber geringfügigen Mängeln.

Aufgabe 2: Geben Sie in den nachfolgenden Fällen an, wie Sie sich als Lieferer verhalten würden:
a) Ein Kunde, der Waren im Wert von 35,00 € nach Hause bestellt hat, ist unbekannt verzogen.

b) Ein Großhändler nimmt eine bestellte Warensendung von 10 000 Konserven nicht an, weil er zurzeit keinen Lagerplatz dafür hat.

c) Ein Kunde mit dem langjährige Geschäftsbeziehungen bestehen, verweigert ohne Angabe von Gründen die Annahme einer bestellten Warenlieferung.

d) Die Kantine einer Berufsschule nimmt 100 bestellte frische Salatköpfe nicht an, da die Kantinenleitung nicht an die Faschingsferien gedacht hat.

e) Ein Kunde lehnt die Annahme eines eigens für ihn angefertigten Maßanzugs im Wert von 800,00 € ab, weil er die Farbe inzwischen nicht mehr leiden mag.

12. Exkurs: Handelskalkulation

Frau Dürrbeck: Hoffen wir jetzt, dass unsere leidige Werbemittel-Geschichte endlich ein gutes Ende nimmt! Nach einigen intensiven Gesprächen der Geschäftsführer beider Firmen untereinander haben wir unseren Kunden jetzt doch noch gütlich dazu gebracht, die bedruckten Fußbälle wie vereinbart anzunehmen – zum Glück, denn gerichtliche Auseinandersetzungen sind einfach unschön für beide Parteien! Aber es ging ja doch um einiges Geld, wie Sie an der abgebildeten Ausgangsrechnung an unseren Kunden erkennen können. Apropos Ausgangsrechnung, vielleicht sollten wir uns noch einmal genauer damit beschäftigen?

Rechnung Nr. 28 145 **Kundennr. 452** **Datum: 19. 03. 20..**

Artikelbezeichnung	Menge	Gesamtpreis in EUR
Bedruckte Fußbälle aus echtem Rindsleder	1 000 Stück	21 772,80
./. 10 % Rabatt		2 177,28
Zwischensumme (netto)		19 595,52
Zuzüglich 19 % USt.		3 723,15
Rechnungsbetrag		**23 318,67**

Zahlbar innerhalb von 7 Tagen mit 3 % Skontoabzug oder innerhalb von 4 Wochen ohne Abzug.

Arbeitsauftrag 1: Welche wichtigen Angaben, die sich hier hinter dem „gerollten" Papier verbergen, fehlen noch in diesem Rechnungsauszug?

....
....
....
....

12. Exkurs: Handelskalkulation

> Erinnern Sie sich noch, wie wir den Bezugspreis bei unseren Fußbällen ermittelt haben? Da kamen wir dann letztendlich auf eine Gesamtsumme von knapp über 14 000,00 €. Unser Kunde muss an uns jedoch etwa 20 000,00 € zahlen. Überlegen Sie bitte, wie wir auf diesen Verkaufspreis gekommen sind!

Frau Dürrbeck

Arbeitsauftrag 2: Welche Kalkulationsposten müssen vom Listeneinkaufspreis bis zum Listenverkaufspreis berücksichtigt werden?

		1 000 bedruckte Fußbälle	Rechenweg:
	Listeneinkaufspreis	16 200,00	
		− 1 620,00	
		= 14 580,00	
		− 437,40	
		= 14 142,60	
		—	
	=	<u>14 142,60</u>	
	= Listenverkaufspreis		

12. Exkurs: Handelskalkulation

Aufgabe 1: Ein Werbemittelvertrieb kauft 50 Lurex-Shirts zum Listeneinkaufspreis von 27,50 € je Stück. Er erhält 15 % Einkaufsrabatt und 2 % Einkaufsskonto. Bezugskosten fallen in Höhe von 0,25 € pro Stück an. Es wird mit Handlungskosten von 28 % kalkuliert sowie mit 10 % Gewinn. Der Werbemittelvertrieb gewährt seinem Kunden auf die Lurex-Shirts 3 % Skonto und 5 % Rabatt. Berechnen Sie den Listenverkaufspreis netto und brutto bei 19 % Umsatzsteuer.

Aufgabe 2: (etwas kniffliger ...):

Die Antiquariatsinhaberin Elisa Alt bekommt ein verlockendes Angebot von einem Sammler: Er bietet ihr einen Satz Originalnoten aus dem 18. Jahrhundert zu einem Einkaufspreis von 860,00 € an. Frau Alt weiß aus Vorverhandlungen auch bereits, dass sie diese Noten an einen anderen Sammler für 1 785,00 € **brutto (!)** weiterverkaufen kann. Frau Alt muss außerdem folgende Konditionen für ihre Kalkulation berücksichtigen:

Sie erhält 5 % Sonderrabatt vom Anbieter und 3 % Skonto bei Barzahlung. Sie selbst rechnet mit 7,51 € Bezugskosten und 60 % Handlungskosten. Außerdem gewährt sie ihrem Kunden einen Skontonachlass von 2 % und einen Rabatt von 10 %. Wie hoch ist der zu erwartende Gewinn in € und in Prozent?

Kalkulationszuschlag:

Um nicht bei jeder Veränderung des Listeneinkaufspreises (bei der ja in der Regel alle anderen Kosten und Zuschlagssätze zunächst unverändert bleiben) das Kalkulationsschema komplett neu durchrechnen zu müssen, gibt es eine **„Abkürzung"**, die in einem Schritt **vom Bezugspreis zum Listenverkaufspreis** führt, den so genannten **Kalkulationszuschlag**.

Arbeitsauftrag 3: Der Feinkosthändler Witzigmann bezahlt als Bezugspreis für eine Kiste hochwertigen Wein 80,00 € und verkauft sie für einen Listenverkaufspreis von 120,00 € netto in seinem Geschäft. Wie hoch ist der Kalkulationszuschlag?

....
....
....
....

Kalkulationszuschlag =

Aufgabe 3: Der Bezugspreis der Lurex-Shirts von Aufgabe 1 erhöht sich aufgrund der gestiegenen Nachfrage auf 1 300,00 €. Alle übrigen Angaben bleiben unverändert. Ermitteln Sie zunächst den Kalkulationszuschlag und dann mit dessen Hilfe den neuen Listenverkaufspreis netto.

....
....
....
....

12. Exkurs: Handelskalkulation

Handelsspanne:

Eine andere wichtige Größe in der Handelskalkulation ist die sog. **„Handelsspanne"**, die das **Entgelt für die vom Handel erbrachte Leistung** darstellt. Mit der Handelsspanne müssen also sämtliche Kosten des Handelsbetriebes sowie der Gewinnzuschlag abgedeckt sein.

Man kann die Handelsspanne auch sehr gut als „Abkürzung" nutzen, wenn der Listenverkaufspreis gegeben ist (beispielsweise durch ein Angebot der Konkurrenz) und der **maximal mögliche Bezugspreis gesucht wird**, der bezahlt werden kann, um diesen Listenverkaufspreis zu ermöglichen.

Arbeitsauftrag 4: Der Feinkosthändler Witzigmann verkauft, wie wir wissen, eine Kiste Wein für 120,00 € bei einem Bezugspreis von 80,00 €. Wie groß ist dann seine Handelsspanne in Prozent?

....
....
....
....
....

Handelsspanne =

Aufgabe 4: Der Kunde, der an den Lurex-Shirts von Aufgabe 1 interessiert ist, teilt uns mit, dass in seinem Budget leider nur noch maximal 1 500,00 € für die Shirts drin sind. Ermitteln Sie zunächst die Handelspanne (bezogen auf die Ausgangssituation) und dann mit deren Hilfe den Bezugspreis, auf den wir unseren Lieferanten drücken müssen, um den Auftrag zu bekommen, wenn unsere bisherige Handelsspanne gleich hoch bleiben soll!

....
....
....
....
....

Arbeitsauftrag 5: Was können wir tun, wenn unser Lieferant uns nur bis zu einem Bezugspreis von 1 100,00 € entgegen kommt und wir den Auftrag über die Lurex-Shirts trotzdem unbedingt haben wollen?

....
....
....
....

12. Exkurs: Handelskalkulation

Übungsaufgaben zur Handelskalkulation:

Aufgabe 1: Eine Möbelgroßhandlung kauft 400 Hängeregale zum Listeneinkaufspreis netto von 60,00 € je Stück.

Einkaufsbedingungen: Mengenrabatt 30 %, Einkaufsskonto 2 %, Bezugskosten 1,34 €/Stück

Verkaufsbedingungen: Die Großhandlung kalkuliert mit 20 % Handlungskosten, $8^1/_3$ % Gewinn, 3 % Kundenskonto und 30 % Kundenrabatt.

a) Wie hoch ist der **Listenverkaufspreis netto** für **400 Stück**?

b) Berechnen Sie den Kalkulationszuschlag und die Handelsspanne für die Möbelgroßhandlung (auf 2 Stellen nach dem Komma gerundet).

Aufgabe 2: Für ein anderes Produkt der Möbelgroßhandlung – ein Ökoregal – beträgt der Listenverkaufspreis netto 295,00 €. Die Handelsspanne liegt bei 55 %.

a) Wie hoch ist der Bezugspreis für das Regal?

b) Angenommen, die Handelsspanne für das Regal erhöht sich im Folgejahr auf 68 %. Ist diese Erhöhung aus Sicht der Großhandlung positiv oder negativ zu werten?

Aufgabe 3: Ein Textileinzelhändler verkauft Herrenanzüge, die einen Bezugspreis von 70,00 € hatten, zu einem Bruttoverkaufspreis von 149,95 € im Geschäft.

a) Berechnen Sie den Kalkulationszuschlag und die Handelsspanne.

b) Wie verändert sich der LVP (netto und brutto), wenn der Bezugspreis um 1,50 € steigt und alle anderen Größen gleich bleiben?

c) Angenommen, der Verkaufspreis der Herrenanzüge wird im Rahmen einer Sonderaktion auf 120,00 € brutto herabgesetzt. Um wie viel Prozent sinkt dann die Handelsspanne des Händlers?

12. Exkurs: Handelskalkulation

Aufgabe 4: Wie hoch ist der Gewinn eines Handelsunternehmens, wenn der Bezugspreis für eine Ware 740,00 € beträgt und der Listenverkaufspreis 1 904,00 € brutto? Die Handlungskosten liegen bei 95 % und Kundenrabatt wird in Höhe von 8 %, Kundenskonto in Höhe von 3 % gewährt. Beurteilen Sie das Ergebnis und geben Sie dem Unternehmen ganz allgemeine Handlungsempfehlungen!

....
....
....
....

Aufgabe 5: (Zusatzaufgabe nur für ganz Schnelle!):

Kaufmann Willreich ist ratlos. Er hat bisher in seinem Sportgeschäft das Ski-Modell „Schuss" zum Preis von 400,00 € verkauft. Von einem Kunden hat er nun erfahren, dass dasselbe Modell in einem Konkurrenzgeschäft um 25,00 € billiger ist. Herr Willreich beschließt, die Ski zukünftig für 359,05 € im Laden zu verkaufen. Er muss außerdem folgende Konditionen für seine Kalkulation berücksichtigen:

10 % Kundenrabatt, 2 % Kundenskonto, 10 % Gewinn, 25 % Geschäftskosten, 5,00 € Bezugskosten pro Paar Ski, 10 % Einkaufsrabatt und 2 % Einkaufsskonto.

Wie hoch darf der **Listeneinkaufspreis** für ein Paar Ski Modell „Schuss" demnach höchstens sein?

....
....
....
....
....
....
....
....
....
....
....
....
....
....

13. Kaufvertragsstörungen (IV) – Der Zahlungsverzug

Frau Dürrbeck: Es nimmt kein Ende mit unserer Fußballgeschichte! Jetzt ist schon der 26.04. – und unser Kunde hat die Rechnung noch immer nicht beglichen, die wir ihm mit der Lieferung vom 22.03. beigelegt hatten. Also müssen wir wohl wieder aktiv werden …

… bzw. zunächst mal SIE, indem Sie sich bitte informieren, was in einem solchen Fall zu tun ist!

> **Bearbeitungshinweis:**
> Lösen Sie die folgenden Aufgaben in einem Dreierteam – suchen Sie sich dazu bitte Mitschüler/-innen, mit denen Sie bislang nur sehr selten zusammengearbeitet haben. Als Hilfsmittel stehen Ihnen das Internet, das Lehrbuch und Gesetzestexte (HGB und BGB) zur Verfügung. Jedes Teammitglied muss anschließend alle Ergebnisse schriftlich in den eigenen Unterlagen haben!

Arbeitsauftrag 1: Warum muss ein Unternehmen auf einen pünktlichen Eingang seiner Forderungen achten? Wie ist die Kontrolle der Zahlungseingänge in Ihrem Ausbildungsbetrieb geregelt?

Arbeitsauftrag 2: Beurteilen Sie, ob in unserem obigen Fall mit den noch nicht bezahlten Fußbällen tatsächlich ein Zahlungsverzug gegeben ist. Begründen Sie Ihre Meinung!

Arbeitsauftrag 3: Überlegen Sie, welche Gründe dazu geführt haben können, dass diese Rechnung noch nicht bezahlt wurde.

Arbeitsauftrag 4: Wie sollte die Creationis GmbH zunächst reagieren? Machen Sie einen konkreten Vorschlag!

13. Kaufvertragsstörungen (IV) – Der Zahlungsverzug

Arbeitsauftrag 5: Der zahlungsunwillige Kunde reagiert leider immer noch nicht auf Ihren Vorschlag. Von welchen Rechten aus dem Zahlungsverzug würden Sie in den weiteren Schritten Gebrauch machen? Überlegen Sie dazu auch, wie Ihr Ausbildungsbetrieb in einer solchen Situation typischerweise vorgeht.

....
....
....
....
....
....

Arbeitsauftrag 6: Ermitteln Sie, wie hoch der aktuelle Verzugszinssatz wäre, den wir unserem Kunden in Rechnung stellen könnten.

....
....
....
....
....
....

Arbeitsauftrag 7: Angenommen, Sie kommen in unserem Zahlungsverzugsfall nicht weiter, weil der Kunde einfach nicht zahlt. Der Geschäftsführer der Creationis GmbH möchte deshalb einen Mahnbescheid erlassen.

a) Welche Merkmale kennzeichnen einen Mahnbescheid?

....
....
....
....
....
....

b) Welche rechtlichen Folgen ergeben sich aus einem Mahnbescheid für unseren Schuldner?

....
....
....
....
....

Arbeitsauftrag 8: Stellen Sie die wesentlichen Inhalte zum Thema Zahlungsverzug (ohne das Mahnverfahren) in übersichtlicher Form auf einem „Spickzettel" im A4-Format dar!

13. Kaufvertragsstörungen (IV) – Der Zahlungsverzug

„Spickzettel" zum Thema Zahlungsverzug:

13. Kaufvertragsstörungen (IV) – Der Zahlungsverzug

Übungsaufgaben zum Zahlungsverzug:

Aufgabe 1: Seit Sie in der Ausbildung sind und von früh bis spät viel sitzen müssen, haben Sie mindestens 5 Kilo zugenommen. Sie beschließen, dass es so nicht weiter geht und bestellen bei der „Sporthandlung Huber KG" per Internet ein hochwertiges Fett-weg-Trimmgerät. Dieses wird am 18.07. geliefert. Die Rechnung mit Datum vom 17.07. erhalten Sie dann am 20.07.

a) Ab wann würden Sie sich im Zahlungsverzug befinden, wenn in der Rechnung stände „zahlbar bis zum 04.08."?

b) Zu welchem Zeitpunkt befinden Sie sich im Zahlungsverzug, wenn als Zahlungsziel „10 Tage ab Rechnungsdatum" angegeben ist?

c) Mit Ablauf welchen Tages liegt Zahlungsverzug vor, wenn in der Rechnung steht „zahlbar sofort"?

Aufgabe 2: Ein Kaufmann verlangt von seinem Privatkunden, der in Zahlungsverzug geraten ist, Verzugszinsen. Welche Aussage ist richtig?
a) Zinsen können grundsätzlich nur verlangt werden, wenn sie im Vertrag vereinbart wurden.
b) Er kann Verzugszinsen verlangen und zwar 11,19 %, wenn der derzeitige Basiszinssatz 3,19 % beträgt.
c) Er kann Verzugszinsen in Höhe von 5 % verlangen.
d) Er kann Verzugszinsen verlangen und zwar 5 % über dem aktuellen Basiszinssatz.
e) Er kann Verzugszinsen in Höhe von 8 % verlangen.

Aufgabe 3: Prüfen Sie, welches Recht die Creationis GmbH bei einem Zahlungsverzug geltend machen kann, auch wenn sie noch keine Nachfrist gesetzt hat.
a) Sie kann sofort vom Vertrag zurücktreten.
b) Sie kann auf Zahlung des Verkaufspreises bestehen und Verzugszinsen verlangen.
c) Sie kann sofort vom Vertrag zurücktreten und Verzugszinsen verlangen.
d) Sie kann sofort Schadensersatz statt der Leistung verlangen.
e) Sie kann sofort vom Vertrag zurücktreten und Schadensersatz statt der Leistung verlangen.

13. Kaufvertragsstörungen (IV) – Der Zahlungsverzug

Aufgabe 4: Ein Geschäftskunde hat von einem Großhändler Waren im Wert von 2 600,00 € erhalten. Welche Voraussetzung muss gegeben sein, damit der Geschäftskunde in Zahlungsverzug gerät?

a) Er gerät 30 Tage nach Rechnungserhalt in Zahlungsverzug, auch wenn die Rechnung keinen Hinweis auf die rechtliche Regelung des Zahlungsverzugs enthält.

b) Er gerät nur in Zahlungsverzug, wenn er eine Mahnung erhält.

c) Er gerät 30 Tage nach Fälligkeit und Zugang der Rechnung in Verzug, wenn in der Rechnung darauf hingewiesen wurde.

d) Er gerät 30 Tage nach Zugang einer Mahnung in Verzug.

e) Für zweiseitige Handelskäufe gelten keine gesetzlichen Regelungen.

Aufgabe 5: Die novum gmbh hat an die Creationis GmbH diverse Büromöbel geliefert. Im Vertrag wurde vereinbart: *„Sämtliche gelieferte Waren bleiben bis zur vollständigen Bezahlung aller Zahlungsverpflichtungen unser Eigentum"*. Welches Recht hat die novum gmbh im Falle eines Zahlungsverzugs?

a) Sie kann unverzüglich die gelieferten Waren zurückverlangen.

b) Erst nach einer Androhung der Rücknahme kann die novum gmbh die Möbel zurückverlangen.

c) Die novum gmbh kann die Waren nur zurückverlangen, wenn sie vom Vertrag zurückgetreten ist.

d) Die novum gmbh kann die Möbel unverzüglich versteigern lassen.

Aufgabe 6: Sie bekommen per Post einen Mahnbescheid zugesandt, in welchem Sie von einem Buchclub aufgefordert werden, 200,00 € zu zahlen. Da Sie dort jedoch keine Einkäufe getätigt haben, sind Sie der Überzeugung, dass es sich um einen Irrtum handeln muss. Wie verhalten Sie sich nun?

....
....
....
....
....

Aufgabe 7: Eine Mahnung schreiben zu müssen, ist immer unangenehm, denn man will den Kunden ja auch nicht verärgern. In der Regel sieht ein Mahnschreiben oft so unpersönlich aus, wie in folgendem Beispiel:

> *Sehr geehrte Frau ...,*
>
> *leider haben wir in unserer Buchhaltung den Rechnungsbetrag über ... € immer noch offenstehen. Wir bitten deshalb um Überweisung des Kaufpreises bis spätestens zum ... .*

Verfassen Sie als Alternative zusammen mit Ihrem Banknachbarn eine freundlichere und persönlichere erste Zahlungserinnerung.

....
....
....
....
....

13. Kaufvertragsstörungen (IV) – Der Zahlungsverzug

Überblick über die unterschiedlichen Rechte bei Kaufvertragsstörungen:

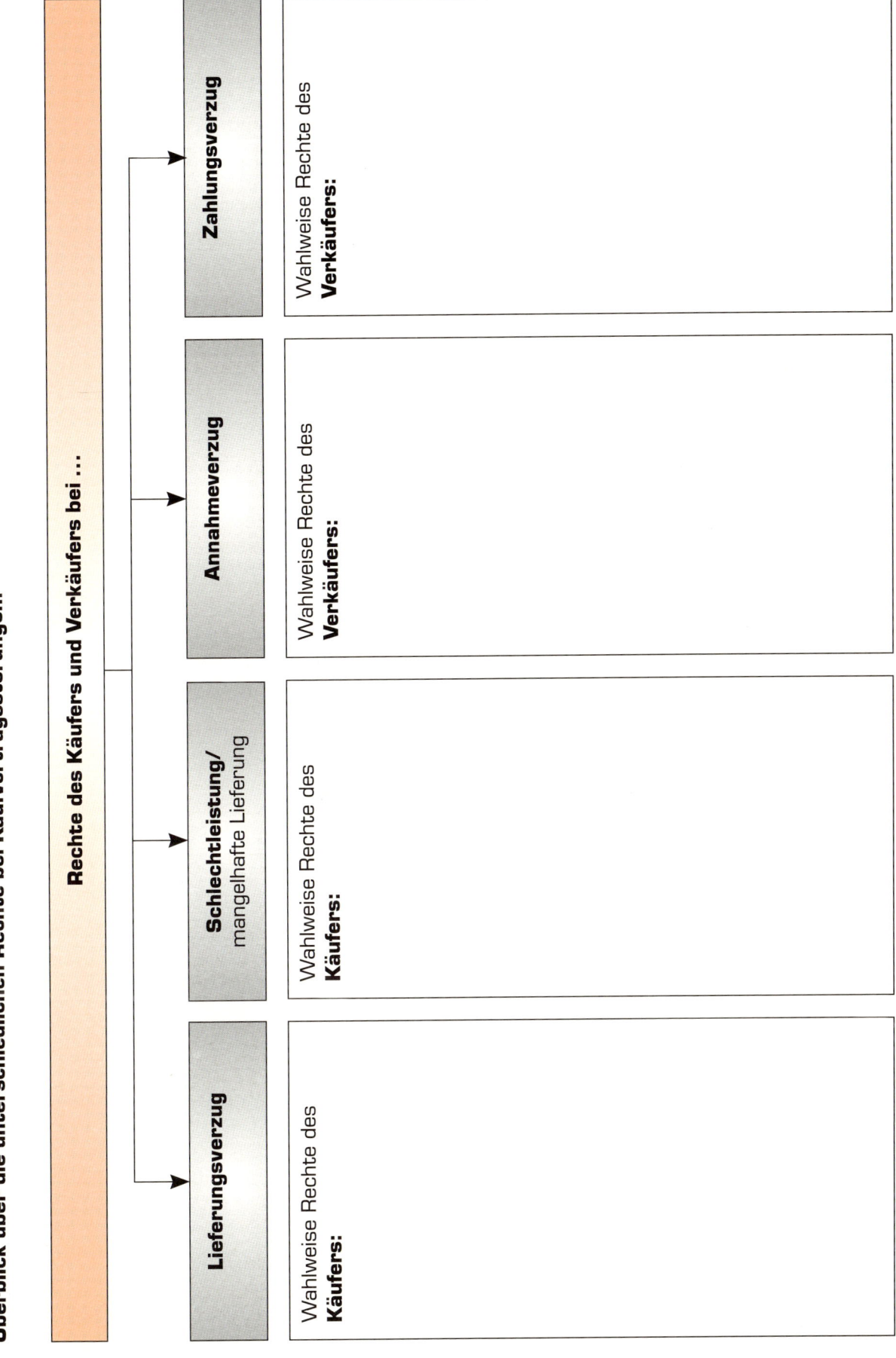

Rechte des Käufers und Verkäufers bei …

Lieferungsverzug	Schlechtleistung/ mangelhafte Lieferung	Annahmeverzug	Zahlungsverzug
Wahlweise Rechte des **Käufers:**	Wahlweise Rechte des **Käufers:**	Wahlweise Rechte des **Verkäufers:**	Wahlweise Rechte des **Verkäufers:**

14. Verjährungsfristen

Frau Dürrbeck: Hier, schauen Sie mal, was unser neuer Azubi beim Abheften der Kopien ganz hinten im Regal gefunden hat: Die Rechnung für unseren viel genutzten High-Tech-Multi-Function-Kaffeeautomaten, den wir am 03.01. vorletzten Jahres gekauft haben. Dort steht: „Fällig sofort" – aber ich habe gerade nachgeschaut und festgestellt, dass wir sie noch gar nicht bezahlt haben. Die Rechnung muss irgendwie voreilig in der Ablage gelandet sein. Was machen wir jetzt damit?

Übersicht über die Verjährungsfristen gemäß BGB

Verjährungsfristen	betroffene Ansprüche	Beispiele	Beginn der Verjährungsfrist
3 Jahre	Regelverjährungsfrist (§ 195 BGB)	● regelmäßige Verjährungsfrist für (fast) alle Arten von Ansprüchen (= **Normalfall**) ● Gewährleistungsansprüche wegen arglistig verschwiegener Mängel	mit **Ablauf des Jahres**, in dem der Anspruch entstanden ist (also zum 31.12...., 24:00 Uhr) – und **Kenntnisnahme** seitens des **Gläubigers (bei Arglist)**
... Jahre	Gewährleistungsansprüche wegen mangelhafter Ware (§ 475 BGB)	● z.B. Mängel bei Kauf-, Werk-, Reiseverträgen [**Ausnahme**: Verkürzung auf **1 Jahr** bei **gebrauchten Sachen** möglich]	
5 Jahre	Bauwerksmängel (§ 438 BGB)	● defekte Heizungsanlage ● feuchte Wände	mit **genau dem Tag,** an dem der Anspruch entstanden ist, z.B. durch Lieferung der Ware, Abnahme des Werks, Urteilsverkündung, etc.
10 Jahre	Rechte an Grundstücken (§ 196 BGB)	● Kaufpreisforderung für ein Grundstück	
30 Jahre	● **Herausgabeansprüche aus Eigentum** ● **familien- und erbrechtliche Ansprüche** ● **Ansprüche aus Gerichtsurteilen, Vergleichen, Urkunden, Insolvenzverfahren** (§ 438 BGB)	● Anspruch auf Erbe, Unterhalt ● Zwangsvollstreckungsbescheide ● notariell beurkundetes Schenkungsversprechen ● Gerichtsurteil zur Zahlung von Schadensersatz etc.	

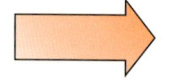

14. Verjährung von Forderungen

Übungsaufgaben (I) zur Verjährung:

Aufgabe 1: Wie es der Zufall will, kommt gerade heute der Creationis GmbH eine Mahnung über den besagten Kaffeewunderautomaten ins Haus geflattert (beim Kaffeeautomatenhersteller muss wohl auch endlich mal jemand nach langer, langer Zeit die Ablage sortiert haben...). Geben Sie ein begründetes Urteil ab, ob die Creationis GmbH noch zahlen muss oder nicht.

....
....
....
....
....

Aufgabe 2: Sie unterhalten sich in der Abteilung über die Mahnung und ein Kollege, der kaffeesüchtige Tjark Schlaffer, wirft ein, dass die Kaffeemaschine aber in letzter Zeit öfter Ausfälle in der Elektronik gehabt habe und er statt einem kräftigen Morgenkaffee nur lauwarmes „Labberwasser" trinken konnte. Wenn der Kaffeeautomatenhersteller also nach so langer Zeit noch den Kaufpreis einfordere, müsse er auch den Mangel an der Maschine beheben – so alt sei sie schließlich noch nicht! Welche rechtlich fundierte Antwort geben Sie ihm?

....
....
....
....
....

Aufgabe 3: Angenommen, unser Lieblingskunde mit den Fußbällen wurde nach ewigem Hin und Her am 20.09. diesen Jahres schließlich zur Zahlung des immer noch ausstehenden Kaufpreises rechtskräftig verurteilt. Mit Ablauf welchen Tages würde dieses Urteil verjähren?

....
....
....
....

Aufgabe 4: Frau Dürrbeck hatte vor 4 Jahren ihre Arbeitsstelle gewechselt und war bei der Creationis GmbH als Abteilungsleiterin der Allgemeinen Verwaltung eingestiegen. Bei Durchsicht ihrer alten Unterlagen fällt ihr auf, dass sie von ihrem alten Arbeitgeber das letzte Monatsgehalt damals nicht vollständig bekommen hatte. Sie macht ihn darauf aufmerksam und er überweist ihr das Geld. Erst nach der Auszahlung überlegt der Arbeitgeber, dass Frau Dürrbecks Ansprüche ja vielleicht schon verjährt wären. In diesem Fall würde er das Geld sofort zurückfordern. Beurteilen Sie die Situation!

....
....
....
....

14. Verjährung von Forderungen

Hemmung und Neubeginn der Verjährung:

> **Ausgangssituation 1:** Die Werbeagentur Creationis GmbH prüft zum neuen Jahr ihre offenen Debitorenrechnungen. Ein guter Kunde der Creationis GmbH hat eine Rechnung in Höhe von 2 500,00 € mit Rechnungsdatum 23.11.2007 und folgenden Zahlungsbedingungen erhalten: „Zahlbar bis 07.12.2007."

Arbeitsauftrag 1:

a) Wann beginnt die Verjährungsfrist? _____

b) Wann ist diese Rechnung verjährt? _____

> **Ausgangssituation 2:** Am 12.01.2008 verhandelt die Firma Creationis mit dem Kunden über die Kaufpreiszahlung. Dieser zögert die Zahlung jedoch immer wieder mit diversen Begründungen hinaus. Die Creationis GmbH bricht schließlich am 05.02.2008 die Verhandlungen ab.

c) Tragen Sie anhand der Ausgangssituationen 1 und 2 und mit Hilfe des folgenden Auszugs aus dem BGB die fehlenden Daten auf dem unten abgebildeten Zeitstrahl ein!

> **§ 203 BGB: Hemmung der Verjährung bei Verhandlungen**
>
> Schweben zwischen dem Schuldner und dem Gläubiger Verhandlungen über den Anspruch oder die den Anspruch begründenden Umstände, so ist die Verjährung gehemmt, bis der eine oder der andere Teil die Fortsetzung der Verhandlungen verweigert. Die Verjährung tritt frühestens drei Monate nach dem Ende der Hemmung ein.
>
> **§ 204 BGB: Hemmung der Verjährung durch Rechtsverfolgung**
>
> (1) Die Verjährung wird [u.a.] gehemmt durch
> 1. die Erhebung der Klage auf Leistung oder auf Feststellung des Anspruchs, auf Erteilung der Vollstreckungsklausel oder auf Erlass des Vollstreckungsurteils, [...]
> 3. die Zustellung des Mahnbescheids im Mahnverfahren, [...]
> 10. die Anmeldung des Anspruchs im Insolvenzverfahren, [...]
>
> (2) Die Hemmung nach Absatz 1 endet sechs Monate nach der rechtskräftigen Entscheidung oder anderweitigen Beendigung des eingeleiteten Verfahrens. [...]
>
> **§ 209 BGB: Wirkung der Hemmung**
>
> Der Zeitraum, während dessen die Verjährung gehemmt ist, wird in der Verjährungsfrist nicht eingerechnet.
>
> **§ 212 BGB: Neubeginn der Verjährung**
>
> (1) Die Verjährung beginnt erneut, wenn
> 1. der Schuldner dem Gläubiger gegenüber den Anspruch durch Abschlagszahlung, Zinszahlung, Sicherheitsleistung oder in anderer Weise anerkennt oder
> 2. eine gerichtliche oder behördliche Vollstreckungshandlung vorgenommen [...] wird. [...]

Beginn der Verjährungsfrist	Beginn der Hemmung	Ende der Hemmung	Reguläres Ende der Verjährungsfrist	Neues Ende der Verjährungsfrist

14. Verjährung von Forderungen

Ausgangssituation 3: Da die Creationis GmbH das Geld von ihrem säumigen Kunden auf außergerichtlichem Wege nicht eintreiben konnte, lässt sie am 05.04.2008 einen gerichtlichen Mahnbescheid zustellen. Der Kunde legt jedoch am 15.04. dagegen Widerspruch ein. Nach längerem Beraten auf einer außerordentlichen Gesellschafterversammlung wird jedoch beschlossen, nicht den Klageweg zu beschreiten, sondern das Geld abzuschreiben …

Arbeitsauftrag 2:

a) Halten Sie auf dem Zeitstrahl die Wirkung des gerichtlichen Mahnbescheids auf die Verjährungsfrist fest. Beachten Sie dazu noch einmal den Auszug aus dem BGB!

Beginn der Verjährungsfrist	Beginn der Hemmung	Ende der Hemmung	Reguläres Ende der Verjährungsfrist	Neues Ende der Verjährungsfrist

b) Welche Gründe sind denkbar, warum die Creationis GmbH auf Klageerhebung verzichtet hat?

....
....
....
....

c) Machen Sie einen Vorschlag, wie man einen Merksatz zum Thema „Hemmung" formulieren kann.

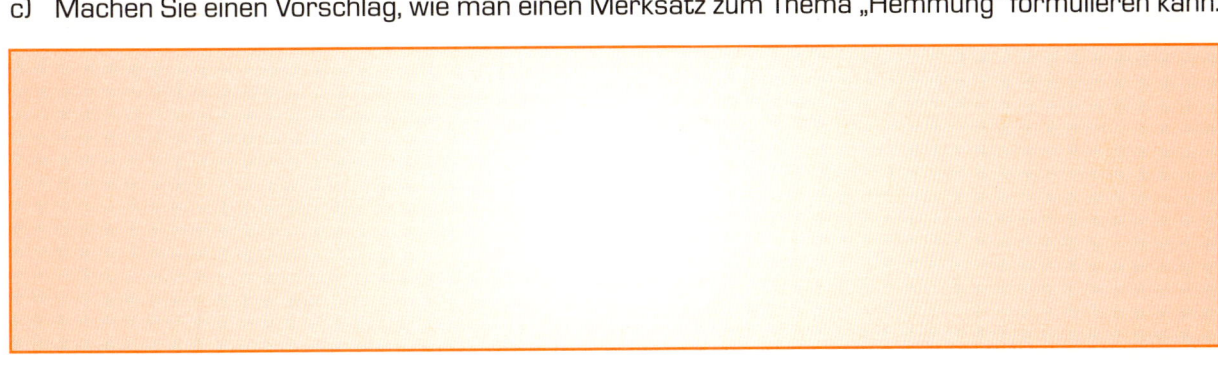

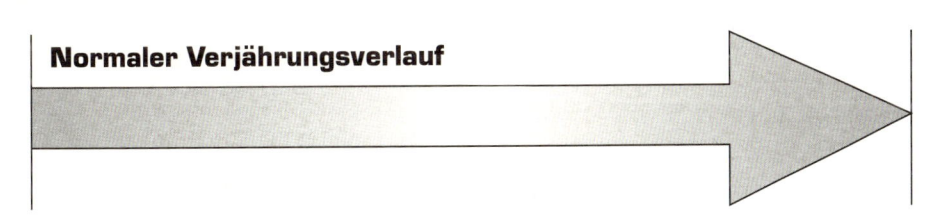

Normaler Verjährungsverlauf

Beginn d. Verjährungsfrist — Ende d. Verjährungsfrist

Hemmung im Verjährungsverlauf

14. Verjährung von Forderungen

Ausgangssituation 4: Ein anderer säumiger Schuldner der Creationis GmbH hatte am 08.12.2007 eine Rechnung über einen Gesamtbetrag von 3 800,00 € erhalten, den er spätestens am 15.12.2007 hätte bezahlen müssen. Da bis Ende Dezember noch kein Geld eingegangen war, schickte die Creationis GmbH eine Zahlungserinnerung an den Kunden, der daraufhin am 08.02.2008 einen Betrag von 500,00 € anzahlte und darum bat, die Rechnungssumme in Raten abzahlen zu dürfen.

Arbeitsauftrag 3:

a) Beurteilen Sie den obigen Fall im Hinblick auf die Verjährung. Nehmen Sie dazu den Auszug aus dem BGB zu Hilfe.

....
....
....
....

b) Fertigen Sie einen Zeitstrahl mit den regulären Verjährungsdaten und den neuen Daten an.

c) Formulieren Sie mit eigenen Worten, was man unter „Neubeginn" der Verjährung versteht.

Normaler Verjährungsverlauf

Beginn d. Verjährungsfrist → Ende d. Verjährungsfrist

Neubeginn der Verjährung

14. Verjährung von Forderungen

Übungsaufgaben (II) zur Verjährung:

Aufgabe 1: Stellen Sie mit Hilfe des Auszugs aus dem BGB fest, welche Wirkung folgende Aktionen auf die Verjährungsfrist haben.

a)	Zinszahlung des Schuldners	
b)	Klageeinreichung	
c)	Vornahme einer Zwangsvollstreckung	
d)	Anmeldung der Forderung im Insolvenzverfahren	
e)	Zugang einer Mahnung an einen säumigen Schuldner	

Aufgabe 2: Welche Wirkung hat die Hemmung der Verjährung?

a) Die Verjährungsfrist beginnt von dem Tag an von neuem zu laufen, an dem der Hemmungsgrund eingetreten ist.

b) Durch die Hemmung der Verjährung hat der Schuldner das Recht, die Leistung zu verweigern.

c) Ist der Tatbestand der Hemmung eingetreten, kann der Schuldner auf eine Verkürzung der Verjährungsfrist bestehen.

d) Der Tatbestand der Hemmung bewirkt, dass die Verjährungsfrist um die Zeit, während der die Verjährung gehemmt war, verlängert wird.

e) Die bis zum Eintreten des Tatbestands der Hemmung abgelaufene Frist wird an die Verjährungsfrist angehängt.

Aufgabe 3: Welche Aussage zu den Verjährungsfristen ist zutreffend?

a) Die grundsätzlich auf 2 Jahre festgelegte Verjährungsfrist bei Mängelansprüchen kann vertraglich auch im Verbrauchsgüterkauf auf z.B. 6 Monate verkürzt werden.

b) Die grundsätzlich auf 3 Jahre festgelegte Verjährungsfrist bei Mängelansprüchen kann vertraglich nie verkürzt werden.

c) Erhält der Schuldner einen gerichtlichen Mahnbescheid, beginnt die Verjährungsfrist von neuem zu laufen.

d) Die Regelverjährungsfrist beginnt am Tag der Entstehung des Anspruchs und Kenntnisnahme seitens des Gläubigers.

e) Die grundsätzlich auf 2 Jahre festgelegte Verjährungsfrist für Mängelansprüche kann außerhalb eines Verbrauchsgüterkaufs vertraglich verkürzt werden.

14. Verjährung von Forderungen

Aufgabe 4: Geben Sie für folgende Fälle die entsprechende Verjährungsfrist an und stellen Sie jeweils fest, wann sie beginnt und wann sie endet:

Anspruch	Verjährungs-frist	Beginn	Reguläres Ende	Ggf. Neues Ende
Die Creationis GmbH reicht gegen einen säumigen Kunden, der eine Rechnung vom 11.11.2007 immer noch nicht bezahlt hat, am 22.01.2008 Klage beim zuständigen Amtsgericht ein. Als der Kunde davon erfährt, zahlt er am 27.01.2008 die noch ausstehende Forderung.				
Aufgrund eines rechtskräftigen Urteils vom 15.08.2007 haben Sie Anspruch auf Schmerzensgeld gegen eine bösartige Mitauszubildende, die Ihnen eine blutige Nase verpasst hat, weil Sie sie in der Berufsschule bei einer wichtigen Schulaufgabe nicht haben abschreiben lassen.				
Sie wollen endlich von Ihrem Ausbildungsbetrieb die angeordneten Überstunden für das Weihnachtsgeschäft 2007 bezahlt bekommen – wie es vorher mündlich versprochen wurde. Ihre Ausbildungsleiterin sagt Ihnen, dass die finanziellen Mittel des Unternehmens momentan beschränkt seien, stellt Ihnen aber am 03.03.2008 eine schriftliche Forderungsanerkennung aus.				
Beim Ausverkauf in einem kleinen Outdoor-Fachgeschäft kauften Sie am 08.04.06 einen Schlafsack, der laut Aussage des Fachhändlers garantiert auch bei arktischen Temperaturen warm halten sollte – obwohl der Verkäufer genau wusste, dass dem nicht so war... Sie selbst stellen das jedoch erst zwei Jahre später am 20.07.2008 bei einem verregneten Dänemark-Campingurlaub im Herbst leidvoll fest.				

14. Verjährung von Forderungen

Sie wollen künftig den Klimaschutz aktiv betreiben und verkaufen deshalb Ihr Auto am 25.02.08. Der Käufer soll den vereinbarten Kaufpreis spätestens in zwei Wochen an Sie bezahlen. Am 02.03. tritt er jedoch in Verhandlungen mit Ihnen ein und will den Preis nachträglich drücken. Am 05.03. verweigern Sie aber weitere Verhandlungen.				

Aufgabe 5: Hier eine etwas kniffligere Aufgabe für die Schnellen ....

Ausgangssituation: Die Werbeagentur Creationis GmbH ließ sich in ihre Büroräume am 23.03.2003 eine neue Heizungsanlage einbauen. Am 14.03.2008 wird ein Mangel am Gasbrenner festgestellt und Frau Dürrbeck schickt dem Heizungsbauunternehmer am gleichen Tag eine schriftliche Mängelrüge mit der Bitte um Mängelbeseitigung, die er am 15.03. erhält. Er schickt am 17.03. einen Brief zurück, dass er sich die Heizung nach einem einwöchigem Betriebsurlaub ansehen werde. Am 25.03. stellt der Heizungsbauunternehmer schließlich vor Ort fest, dass der Brenner defekt ist und tauscht ihn aus. Die Kosten soll allerdings die Creationis tragen, da die Verjährungsfrist ja bereits abgelaufen sei. Der Geschäftsführer weigert sich jedoch. Es werden zunächst noch einige böse Briefe hin- und hergeschickt, bis die Creationis am 06.04. die Verhandlungen abbricht.

a) Wann endet die Verjährungsfrist für die fest eingebaute Heizungsanlage normalerweise?

b) Wer ist nun in obigem Fall warum im Recht und welche Folgen ergeben sich evtl. daraus für die Verjährungsfrist? Beachten Sie dazu ggf. noch einmal den BGB-Auszug!

15. Vertragsarten

Frau Dürrbeck: Bislang haben wir uns im Rahmen der Beschaffungsprozesse ausschließlich mit dem Kaufvertrag beschäftigt. Es gibt aber noch andere Vertragsarten. Schauen wir uns doch einige davon genauer an …

Arbeitsauftrag: Füllen Sie die nachfolgende Tabelle mit Hilfe des AWL-Buches und Ihres Banknachbarn vollständig aus.

Situation	Vertragsart	Vertragsinhalt
Sie bestellen für die Creationis GmbH neues Kopierpapier.		
Die Creationis beauftragt ein IT-Unternehmen zur Programmierung eines Softwareprogramms für die Agentur.		
Sie gehen zur Krankengymnastik, weil Sie von der PC-Arbeit Rückenschmerzen haben.		
Der Geschäftsführer der Creationis GmbH benötigt auf einer Geschäftsreise ein Auto und bucht es für die Zeit bei „Sixt".		
Sie haben Ihre Kaugummis vergessen. Eine Kollegin überlässt Ihnen eine ganze Packung – die Sie ihr am nächsten Tag zurückgeben wollen.		
Schusselig wie Sie sind, haben Sie auch die Jacke im Auto vergessen. Ihre nette Kollegin überlässt Ihnen ihre für den Mittagspausenspaziergang.		
Nach der Ausbildung wollen Sie erst einmal etwas anderes machen und übernehmen mit einer Freundin von einem Bekannten eine voll eingerichtete Café-Bar.		

15. Vertragsarten

Übungsaufgaben zu den Vertragsarten:

Aufgabe 1: Die Creationis GmbH beauftragt ein Heizungsbauunternehmen zum Einbau einer neuen Heizungsanlage. Stellen Sie fest, um welche Vertragsart es sich dabei handelt.

....
....
....

Aufgabe 2: Aufgrund einer Fehldisposition beim Rohstoffeinkauf sind die Rohstoffbestände eines Industrieunternehmens verbraucht. Damit die Produktion nicht ins Stocken gerät, borgt sich das Unternehmen bei einem benachbarten Industriebetrieb die benötigten Rohstoffe. Nach Eintreffen einer neuen Rohstofflieferung soll die gleiche Menge schnellstens zurückgegeben werden. Welche Vertragsart liegt vor?

....
....
....

Aufgabe 3: Überlegen Sie sich für folgende Vertragsarten jeweils ein eigenes Beispiel. Es muss dabei jemand aus der Klasse vorkommen!

Vertragsart	Beispiel
Dienstvertrag	
Werkvertrag	
(Sach-)Darlehens-vertrag	

Aufgabe 4: Der Geschäftsführer der Creationis GmbH muss dringend zum Münchener Flughafen und bestellt ein Taxi, das ihn schnellstmöglich zu seinem Flieger bringen soll. Stellen Sie fest, welche Art von Vertrag zwischen den beiden Vertragspartnern zustande kommt.

....
....
....

16. Arten und Formvorschriften von Rechtsgeschäften

Arten von Rechtsgeschäften

.... Rechtsgeschäfte

.... Rechtsgeschäfte

Beispiele:

....
....
....
....

Beispiele:

....
....
....
....

Beispiele:

....
....
....
....

Beispiele:

....
....
....
....

Formvorschriften für Rechtsgeschäfte

Grundsätzlich: ....

Ausnahme: ....

z. B.:

....
....
....
....

z. B.:

....
....
....
....

z. B.:

....
....
....
....

Werden die notwendigen **Formvorschriften** für bestimmte Rechtsgeschäfte **nicht beachtet**, dann ist das Rechtsgeschäft ....!

17. Geschäftsfähigkeit

> Sagen Sie mal, wenn ich Sie so anschaue ... Sind Sie eigentlich schon volljährig? Falls nämlich nicht, gilt es einiges zu beachten beim Abschluss von Verträgen! Aber das können Sie auch selber herausfinden, so selbstständig sehen Sie mir zumindest aus!

Frau Dürrbeck

Bearbeitungshinweis:

Beurteilen Sie die folgenden Fälle mit Hilfe Ihres Banknachbarn und des beiliegenden Gesetzestextauszuges. Begründen Sie Ihre Antworten jeweils kurz und geben Sie auch den entsprechenden Paragraphen mit an!

Fall 1: Ihr nerviger kleiner Bruder, der 6-jährige Salomon, entwischt Ihnen beim Babysitten in ein Geschäft, kauft dort eine Schokolade und isst sie gleich gierig auf. Wie sieht die rechtliche Situation in diesem Fall aus?

....
....
....
....
....
....

Fall 2: Angenommen, Sie sind tatsächlich erst 17 Jahre alt und kaufen sich von Ihrer Ausbildungsvergütung ein Buch (!) für 20,00 €, damit Sie zumindest beim Lesen mal wieder etwas Spannendes erleben.... Dürfen Sie das Buch ohne weiteres kaufen?

....
....
....
....
....
....

Fall 3: Zu Weihnachten bekommen Sie (immer noch 17) von Ihrer Tante, die seit Jahren im Streit mit Ihren Eltern liegt, 200,00 € als Geschenk – und außerdem zu Ihrer großen Freude einen süßen Leguan samt Terrarium. Ihre Eltern sind extrem sauer und fordern Sie auf, sofort beide Geschenke zurückzugeben. Müssen Sie das wirklich?

....
....
....
....

17. Geschäftsfähigkeit

Fall 4: In der Probezeit Ihrer Ausbildung werden Sie wegen zu häufigen unentschuldigten Fehlens in der Berufsschule gekündigt ... Da Sie (17) nicht sofort eine neue Ausbildungsstelle finden, möchten Sie erst einmal eine Zeit lang Geld verdienen – und zwar als Sommeraushilfe beim Strandkorbverleih auf der schönen Nordseeinsel Sylt. Ihre Eltern sind einverstanden (und freuen sich auf einen ruhigen Sommer daheim ...). Auf Sylt angekommen mieten Sie sich ein kleines Zimmer und unterschreiben den Mietvertrag. Ist der damit gültig?

....
....
....
....

Fall 5: Leider hat Ihr Vater während des Sommers einen Unfall. Er muss längere Zeit im Krankenhaus bleiben und anschließend zur Reha. Ihre Eltern wollen, dass Sie (nach wie vor 17) nun dauerhaft den elterlichen Andenkenladen im Herzen von München übernehmen, in dem Sie schon oft gearbeitet haben. Auch Sie sind nach längerem Nachdenken einverstanden.

a) Könnten Sie sofort die Leitung des Betriebes übernehmen?

....
....
....
....

b) Dürften Sie eine dringend benötigte neue Kasse im Wert von 2 000,00 € für das Geschäft kaufen?

....
....
....
....

c) Da Sie jetzt ganz gut verdienen, kaufen Sie sich nach zwei Monaten einen Motor-Roller für 5 000,00 €. Dürfen Sie den Kaufvertrag dazu abschließen?

....
....
....
....

Fall 6: Endlich ist es so weit: Sie werden 18 und feiern eine rauschende Geburtstagsparty unter dem Motto „Endlich frei und weise!" – auf der Sie volltrunken Ihr nagelneues, vertragsfreies Handy für eine Flasche Champagner an eine Bekannte verkaufen. Die anderen Partygäste sind Zeugen. Am nächsten Tag bereuen Sie das bitter und wollen Ihr Handy zurück haben. Gibt es eine echte Chance für Sie?

....
....
....
....

Wichtige Paragrafen des BGB zur Rechts-/Geschäftsfähigkeit

§ 1 Beginn der Rechtsfähigkeit
Die Rechtsfähigkeit des Menschen beginnt mit der Vollendung der Geburt.

§ 104 Geschäftsunfähigkeit
Geschäftsunfähig ist:
(1) wer nicht das siebente Lebensjahr vollendet hat,
(2) wer sich in einem die freie Willensbestimmung ausschließenden Zustande der krankhaften Störung der Geistestätigkeit befindet, sofern nicht der Zustand seiner Natur nach ein vorübergehender ist.

§ 105 Nichtigkeit einer Willenserklärung
(1) Die Willenserklärung eines Geschäftsunfähigen ist nichtig.
(2) Nichtig ist auch eine Willenserklärung, die im Zustande der Bewusstlosigkeit oder vorübergehenden Störung der Geistestätigkeit abgegeben wird.

§ 106 Beschränkte Geschäftsfähigkeit Minderjähriger
Ein Minderjähriger, der das siebente Lebensjahr vollendet hat, ist nach Maßgabe der §§ 107 bis 113 in der Geschäftsfähigkeit beschränkt.

§ 107 Einwilligung des gesetzlichen Vertreters
Der Minderjährige bedarf zu einer Willenserklärung, durch die er nicht lediglich einen rechtlichen Vorteil erlangt, der Einwilligung des gesetzlichen Vertreters.

§ 108 Vertragsschluss ohne Einwilligung
(1) Schließt der Minderjährige einen Vertrag ohne die erforderliche Einwilligung des gesetzlichen Vertreters, so hängt die Wirksamkeit des Vertrages von der Genehmigung des Vertreters ab.
(2) Fordert der andere Teil den Vertreter zur Erklärung über die Genehmigung auf, so kann die Erklärung nur ihm gegenüber erfolgen; [...] Die Genehmigung kann nur bis zum Ablaufe von zwei Wochen nach dem Empfange der Aufforderung erklärt werden; wird sie nicht erklärt, so gilt sie als verweigert.
(3) Ist der Minderjährige unbeschränkt geschäftsfähig geworden, so tritt seine Genehmigung an die Stelle der Genehmigung des Vertreters.

§ 109 Widerrufsrecht des anderen Teils
(1) Bis zur Genehmigung des Vertrages ist der andere Teil zum Widerrufe berechtigt. Der Widerruf kann auch dem Minderjährigen gegenüber erklärt werden. [...]

§ 110 "Taschengeldparagraf"
Ein von dem Minderjährigen ohne Zustimmung des gesetzlichen Vertreters geschlossener Vertrag gilt als von Anfang an wirksam, wenn der Minderjährige die vertragsmäßige Leistung mit Mitteln bewirkt, die ihm zu diesem Zwecke oder zu freier Verfügung von dem Vertreter oder mit dessen Zustimmung von einem Dritten überlassen worden sind.

§ 112 Selbstständiger Betrieb eines Erwerbsgeschäftes
(1) Ermächtigt der gesetzliche Vertreter mit Genehmigung des Vormundschaftsgerichtes den Minderjährigen zum selbstständigen Betrieb eines Erwerbsgeschäfts, so ist der Minderjährige für solche Geschäfte unbeschränkt geschäftsfähig, welche der Geschäftsbetrieb mit sich bringt. [...]

§ 113 Dienst- oder Arbeitsverhältnis
(1) Ermächtigt der gesetzliche Vertreter den Minderjährigen, in Dienst oder in Arbeit zu treten, so ist der Minderjährige für solche Rechtsgeschäfte unbeschränkt geschäftsfähig, welche die Eingehung oder Aufhebung eines Dienst- oder Arbeitsverhältnisses der gestatteten Art oder die Erfüllung der sich aus einem solchen Verhältnis ergebenden Verpflichtungen betreffen. ...
(2) Die Ermächtigung kann vom gesetzlichen Vertreter zurückgenommen oder eingeschränkt werden.

17. Geschäftsfähigkeit

Übersicht „Geschäftsfähigkeit":

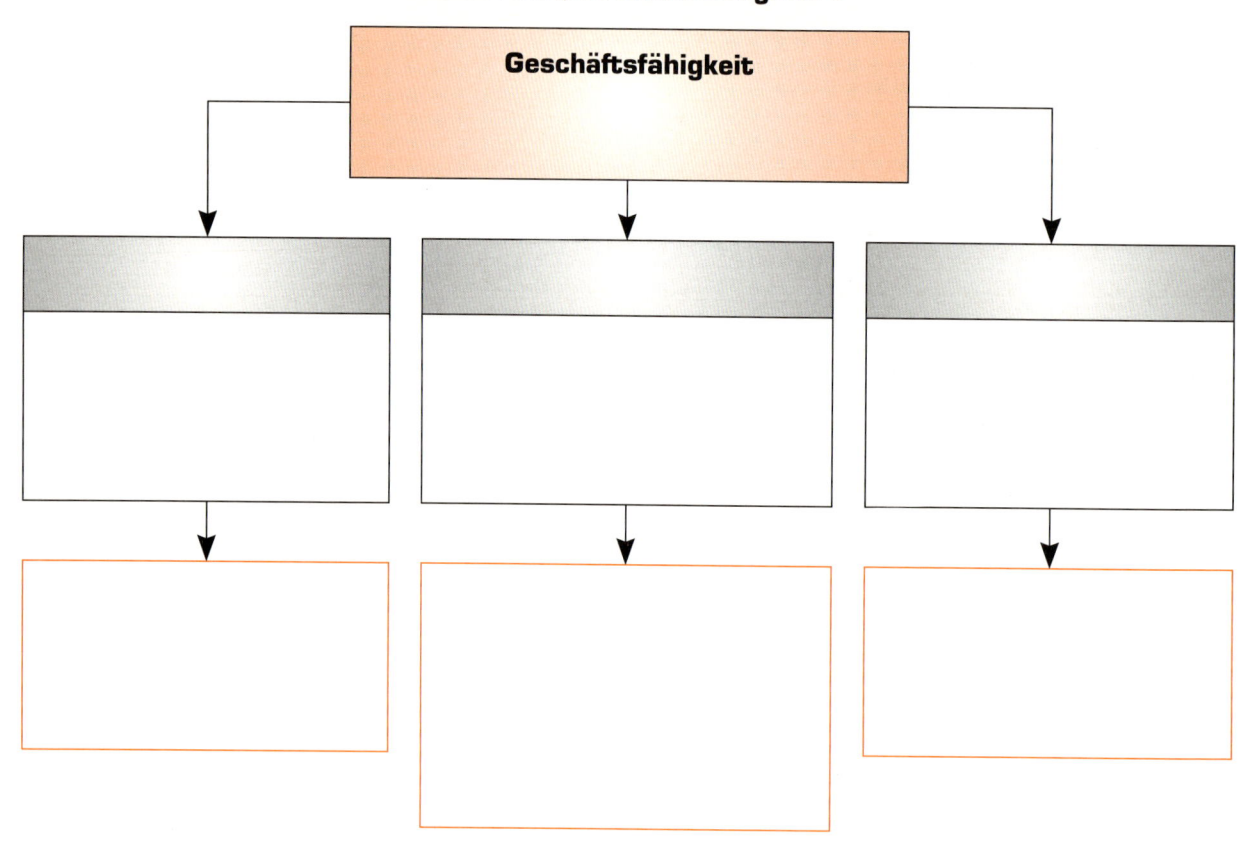

Geschäftsfähigkeit

Ausnahmen: Auch ohne Zustimmung der Eltern **gültige** Rechtsgeschäfte:

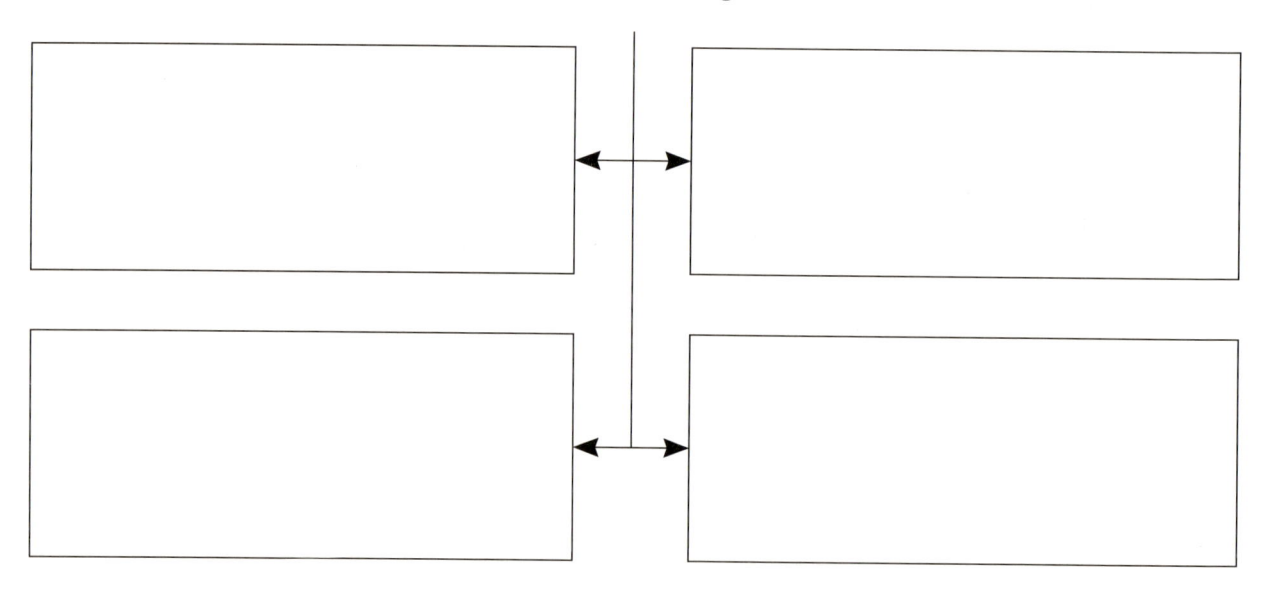

- **Gesetzliche Vertreter** für Minderjährige sind grundsätzlich die **Eltern**. Ansonsten
  ....

- Für die Erledigung von **Botengängen** spielt die Frage der **Geschäftsfähigkeit keine Rolle**, denn der Bote gibt keine eigene Willenserklärung ab, sondern **übermittelt** die **Willenserklärung seines Auftraggebers**! Ein Bote kann somit auch **geschäftsunfähig** sein.

18. Nichtigkeit und Anfechtbarkeit von Rechtsgeschäften

Oh, oh, ich habe gerade mitbekommen, dass Sie einem Kunden am Telefon einen falschen Anzeigenpreis genannt haben – und was nun? Kann er auf den Preis bestehen? Machen Sie sich doch mal mit Hilfe des Gesetzes schlau, was die Gültigkeit von Rechtsgeschäften betrifft!

Frau Dürrbeck

Ein Rechtsgeschäft ist **nichtig** und damit ...., wenn es **schwere Mängel aufweist,** die nicht im Einklang mit den geltenden Rechtsregeln und moralischen Grundsätzen stehen.

Anfechtbare Rechtsgeschäfte sind ...., können durch Anfechtung jedoch **rückwirkend ungültig** gemacht werden.

(1) *Ich habe mir jetzt gerade eine Lakritzstange gekauft, weil ich so Hunger habe! Bin ja mit 5 Jahren auch schon groß!*

Hier trifft .... BGB zu. Das Rechtsgeschäft ist ....

Begründung:

(2) Hier trifft .... BGB zu. Das Rechtsgeschäft ist ....

Begründung:

Wenn Du Dein hübsches Gesicht behalten willst, unterschreibst Du mir jetzt sofort dieses tolle Zeitschriftenabo …

Ja, ja, ich unterschreibe!!!

(3) *Da bin ich wieder Chefin! Wie beauftragt habe ich 1 000 Briefmarken gekauft!*

WIE viele??? Aber ich habe doch ausdrücklich gesagt, dass Sie 100 Briefmarken kaufen sollen!

Hier trifft .... BGB zu. Das Rechtsgeschäft ist ....

Begründung:

18. Nichtigkeit und Anfechtbarkeit von Rechtsgeschäften

(4) Hier trifft .... BGB zu. Das Rechtsgeschäft ist ....

Begründung:

Sprechblase: „... Dann erkläre ich Sie hiermit rechtmäßig zu Mann und Frau!"

Gedankenblase: „Zum Glück aber nur auf dem Papier! Was tut man nicht alles für Geld ..."

(5) Sprechblase: „Ach du Schande, jetzt sehe ich erst, dass ich mich im Angebotstext verschrieben und 500,00 € statt 5 000,00 € angegeben habe. Was mache ich bloß, wenn der Kunde auf den 500,00 € besteht?"

Hier trifft .... BGB zu. Das Rechtsgeschäft ist ....

Begründung:

(6) Hier trifft .... BGB zu. Das Rechtsgeschäft ist ....

Begründung:

Gedankenblase: „Mann, hoffentlich kommt mein Dealer gleich mit dem bestellten Stoff. Teuer genug war er ja, aber nur damit überstehe ich den Tag!"

(7) Sprechblase: „Gut, mein lieber Junge, dann verspreche ich Dir hiermit hoch und heilig, dass Du nach meinem Tode der Alleinerbe sein wirst! Du kannst Dich auf mein Wort verlassen!"

Hier trifft .... BGB zu. Das Rechtsgeschäft ist ....

Begründung:

18. Nichtigkeit und Anfechtbarkeit von Rechtsgeschäften

(8)

"Mit dem Kauf dieses Ringes haben Sie eine gute Wahl getroffen – er sieht fast wie ein ECHTER Diamant aus!"

"Oh Mann, Du Depp, ich BIN doch echt!"

Hier trifft .... BGB zu. Das Rechtsgeschäft ist ....

Begründung:

(9)

Hier trifft .... BGB zu. Das Rechtsgeschäft ist ....

Begründung:

"Brrr, ich bin so durchgefroren – ich schenke Ihnen all mein Hab und Gut, wenn Sie mir ganz schnell eine schöne, heiße Tasse Kaffee bingen!"

"Na, DAS ist doch mal ein Angebot!"

(10)

"Du fieser Kerl weißt doch genau, dass ich sterilisiert bin!"

"Ich versichere Ihnen, dass sich dieses Kaninchen, welches Sie gekauft haben, hervorragend für Ihre Kaninchenzucht eignet!"

Hier trifft .... BGB zu. Das Rechtsgeschäft ist ....

Begründung:

(11)

Hier trifft .... BGB zu. Das Rechtsgeschäft ist ....

Begründung:

"Dann bekomme ich 2 000,00 € von Ihnen für die Miete dieses kleinen Zimmers!"

"Ohlala .., aber ich zahlen, weil ich brauchen ja das Zimmer!"

18. Nichtigkeit und Anfechtbarkeit von Rechtsgeschäften

Auszug aus dem BGB zum Thema „Anfechtbarkeit/Nichtigkeit" von Rechtsgeschäften

§ 105 Nichtigkeit der Willenserklärung
(1) Die Willenserklärung eines Geschäftsunfähigen ist nichtig.
(2) Nichtig ist auch eine Willenserklärung, die im Zustand der Bewusstlosigkeit oder vorübergehenden Störung der Geistestätigkeit abgegeben wird.

§ 106 Geschäftsfähigkeit Minderjähriger
Ein Minderjähriger, der das siebente Lebensjahr vollendet hat, ist nach Maßgabe der §§ 107 bis 113 in der Geschäftsfähigkeit beschränkt.

§ 107 Einwilligung des gesetzlichen Vertreters
Der Minderjährige bedarf zu einer Willenserklärung, durch die er nicht lediglich einen rechtlichen Vorteil erlangt, der Einwilligung seines gesetzlichen Vertreters.

§ 110 „Taschengeldparagraf"
Ein von dem Minderjährigen ohne Zustimmung des gesetzlichen Vertreters geschlossener Vertrag gilt als von Anfang an wirksam, wenn der Minderjährige die vertragsmäßige Leistung mit Mitteln bewirkt, die ihm zu diesem Zwecke oder zu freier Verfügung von dem Vertreter oder mit dessen Zustimmung von einem Dritten überlassen worden sind.

§ 117 Scheingeschäft
Wird eine Willenserklärung die einem anderen gegenüber abzugeben ist, mit dessen Einverständnis nur zum Schein abgegeben, so ist sie nichtig. [...]

§ 118 Scherzerklärung
Eine nicht ernstlich gemeinte Willenserklärung, die in der Erwartung abgegeben wird, der Mangel der Ernstlichkeit werde nicht verkannt werden, ist nichtig.

§ 119 Anfechtung wegen Irrtums
(1) Wer bei der Abgabe einer Willenserklärung über deren Inhalt im Irrtume war oder eine Erklärung dieses Inhalts überhaupt nicht abgeben wollte, kann die Erklärung anfechten, wenn anzunehmen ist, dass er sie bei Kenntnis der Sachlage und bei verständiger Würdigung des Falles nicht abgegeben haben würde. [= Erklärungsirrtum].
(2) Als Irrtum über den Inhalt der Erklärung gilt auch der Irrtum über solche Eigenschaften der Person oder der Sache, die im Verkehr als wesentlich angesehen werden.[= Eigenschaftsirrtum].

§ 120 Anfechtung wegen unrichtiger Übermittlung
Eine Willenserklärung, welche durch die zur Übermittlung verwendete Person oder Einrichtung unrichtig übermittelt worden ist [= Übermittlungsirrtum], kann unter der gleichen Voraussetzung angefochten werden wie nach § 119 eine irrtümlich abgegebene Willenserklärung.

§ 123 Arglistige Täuschung oder Drohung
(1) Wer zur Abgabe einer Willenserklärung durch arglistige Täuschung oder widerrechtlich durch Drohung bestimmt worden ist, kann die Erklärung anfechten. [...]

§ 125 Nichtigkeit wegen Formmangels
Ein Rechtsgeschäft, welches der durch Gesetz vorgeschriebenen Form ermangelt, ist nichtig. Der Mangel der durch Rechtsgeschäft bestimmten Form hat im Zweifel gleichfalls Nichtigkeit zur Folge.

§ 134 Nichtigkeit verbotener Rechtsgeschäfte
Ein Rechtsgeschäft, das gegen ein gesetzliches Verbot verstößt, ist nichtig, wenn sich nicht aus dem Gesetz ein anderes ergibt.

§ 138 Sittenwidrige Rechtsgeschäfte - Wucher
(1) Ein Rechtsgeschäft, das gegen die guten Sitten verstößt, ist nichtig.
(2) Nichtig ist insbesondere ein Rechtsgeschäft, durch das jemand unter Ausbeutung der Zwangslage, der Unerfahrenheit, des Mangels an Urteilsvermögen oder der erheblichen Willensschwäche eines anderen sich oder einem Dritten für eine Leistung Vermögensvorteile versprechen oder gewähren lässt, die in einem auffälligen Missverhältnis zu der Leistung stehen.

8. Nichtigkeit und Anfechtbarkeit von Rechtsgeschäften

Überblick über nichtige und anfechtbare Rechtsgeschäfte

18. Nichtigkeit und Anfechtbarkeit von Rechtsgeschäften

Übungsaufgaben zur Anfechtbarkeit und Nichtigkeit von Rechtsgeschäften:

Kreuzen Sie an, ob folgende Rechtsgeschäfte nichtig (n), anfechtbar (a) oder gültig (g) sind und begründen Sie Ihre Entscheidung kurz in der rechten Spalte.

	Rechtsgeschäft	(n)	(a)	(g)	Begründung
a	Sie ersteigern bei Ebay ein als „ungetragen" beschriebenes Oberteil, das jedoch fürchterlich nach Schweiß riecht und mit Make-up verschmiert ist, als sie es bekommen...				
b	„Eine Lokalrunde für alle!" brüllen Sie ausgelassen beim Feiern im Hippodrom auf dem Oktoberfest.				
c	Sie wollen heiraten und Ihr zukünftiger (vorsichtiger...) Göttergatte lässt Sie einen Ehevertrag unterschreiben, in dem er von sämtlichen Unterhaltsverpflichtungen befreit wird, falls Kinder auf die Welt kommen sollten.				
d	Da das Azubigehalt nie ausreicht, um sich feucht-fröhliche Partyabende zu finanzieren, nimmt jemand aus unserer Klasse (der nicht genannt werden will...) bei der Kreditvermittlung „Men in Black" einen Kleinkredit zu einem Zinssatz von 45 % auf.				
e	Ein stadtbekannter Hehler verkauft an einen Fahrradhändler 50 gebrauchte Rennräder zu einem Spottpreis.				
f	Ein halb blinder Teppichhändler verkauft einen echten Perserteppich aus Versehen als billigen Industrieteppich.				
g	Walter Hohl kauft ein Grundstück vom netten Nachbarn per Handschlag.				
h	Frau Reif will schriftlich 100 Kartons Kopierpapier bestellen, schreibt aber, weil sie abgelenkt ist, aus Versehen „1 000 Kartons".				
i	Die leicht angeheiterte 19-jährige Sonja tauscht mit einem Bekannten auf einer Party ihre neue Swatch-Armbanduhr gegen sein Designer-Shirt.				
j	Frau Dürrbeck will eine „Pizza Palermo" bestellen, die Bedienung verhört sich jedoch und gibt „Pizza Inferno" als Bestellung an den Koch weiter.				
k	Um Grunderwerbsteuer zu sparen, vereinbaren Herr Stark und Frau Fuchs im Kaufvertrag über ein Miethaus als Kaufpreis statt 1,0 Mio. € nur 800 000,00 €. Der Rest wird unter der Hand bezahlt.				
l	Der 17-jährige Stefan bucht im Internet eine Flugreise mit seiner Freundin, obwohl die Eltern ihm das vorher ausdrücklich untersagt hatten.				
m	Sie kaufen regelmäßig Aktien. So auch diesmal auf einen „todsicheren Tipp" eines Bekannten hin. Ein paar Tage später ist der Kurs jedoch dramatisch abgestürzt.				

19. Finanzierung – Möglichkeiten der Kapitalbeschaffung

> Wir haben jetzt schon viele Aspekte des Beschaffungsprozesses kennengelernt. Aber der wichtigste fehlt uns eigentlich noch: Denn was braucht man immer und unbedingt, wenn man etwas (legal …) beschaffen will? Richtig: Die entsprechenden finanziellen Mittel! Aber wo bekommen wir die her?

Frau Dürrbeck

Arbeitsauftrag 1: Ordnen Sie folgende Finanzierungsmöglichkeiten in die Übersicht ein:

Kreditfinanzierung - Selbstfinanzierung (z.B. aus zurückbehaltenen Gewinnen, Auflösung stiller Reserven) – Einlagen-/Beteiligungsfinanzierung (z.B. Aufnahme neuer Gesellschafter, Ausgabe neuer Aktien) – Finanzierung aus Abschreibungen

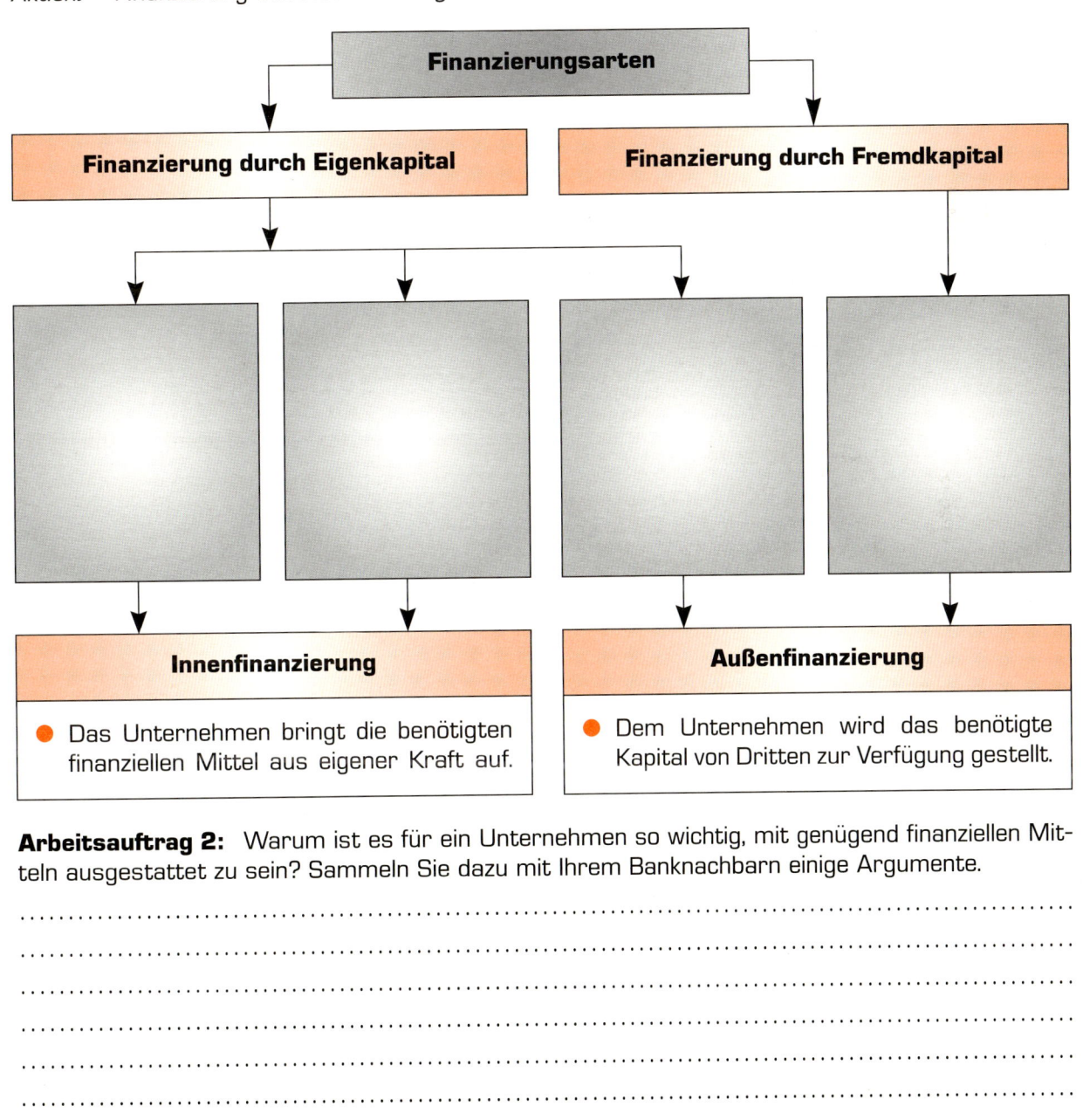

```
                        Finanzierungsarten
                   ┌────────────┴────────────┐
     Finanzierung durch Eigenkapital   Finanzierung durch Fremdkapital
       ┌──────┴──────┐                    ┌──────┴──────┐
    [     ]       [     ]              [     ]       [     ]
       │             │                    │             │
       └─────┬───────┘                    └──────┬──────┘
         Innenfinanzierung                  Außenfinanzierung
```

- Innenfinanzierung: Das Unternehmen bringt die benötigten finanziellen Mittel aus eigener Kraft auf.
- Außenfinanzierung: Dem Unternehmen wird das benötigte Kapital von Dritten zur Verfügung gestellt.

Arbeitsauftrag 2: Warum ist es für ein Unternehmen so wichtig, mit genügend finanziellen Mitteln ausgestattet zu sein? Sammeln Sie dazu mit Ihrem Banknachbarn einige Argumente.

....
....
....
....
....
....

19. Finanzierung – Möglichkeiten der Kapitalbeschaffung

Arbeitsauftrag 3: Beschreiben Sie zusammen mit Ihrem Banknachbarn kurz, inwiefern es sich bei Abschreibungen um eine Finanzierungsart handelt (sofern Sie das Thema bereits im Rechnungswesenunterricht behandelt haben).

....
....
....
....
....
....
....
....
....

Arbeitsauftrag 4: Angenommen, die Creationis GmbH benötigt 200 000,00 €, um eine dringend notwendige Erweiterung der Geschäftsräume vorzunehmen. Die Gesellschafter sind sich jedoch uneinig, wie das benötigte Kapital beschafft werden soll. Die einen sind für eine Beteiligungsfinanzierung, die anderen möchten lieber ein Darlehen bei der Bank aufnehmen.

a) Sammeln Sie zu dritt Argumente, die für eine Beteiligungsfinanzierung – und gegen eine Kreditfinanzierung sprechen.

....
....
....
....
....
....
....
....
....

b) Sammeln Sie zu dritt Argumente, die für eine Kreditfinanzierung – und gegen eine Beteiligungsfinanzierung sprechen.

....
....
....
....
....
....
....

19. Finanzierung – Möglichkeiten der Kapitalbeschaffung

Übungsaufgaben zu den Finanzierungsarten:

Aufgabe 1: Von einem Unternehmen wird gesagt, es sei liquide. Welche Folgerung ist richtig?
a) Das Unternehmen ist in Zahlungsschwierigkeiten.
b) Das Unternehmen ist gerade neu gegründet worden.
c) Das Unternehmen hat vor, die Liquidation einzuleiten.
d) Das Unternehmen ist zahlungsfähig.
e) Das Unternehmen ist aufgelöst worden.

Aufgabe 2: Die Creations GmbH hat die einmalige Gelegenheit bekommen, das benachbarte Grundstück zu erwerben. Hierfür benötigt sie zusätzliches Kapital. Welche der folgenden Möglichkeiten zur Kapitalbeschaffung sind gegeben – und sinnvoll? (Mehrere Antworten möglich)
a) Die Nichtauszahlung erwirtschafteter Gewinne an die Gesellschafter.
b) Die Creations GmbH begleicht offenstehende Verbindlichkeiten.
c) Die Zahl der Gesellschafter wird reduziert.
d) Die Gesellschafter erhöhen ihre Einlagen in die GmbH.
e) Die Werbeausgaben werden eingeschränkt, um mit dem dadurch gesparten Geld das Grundstück kaufen zu können.

Aufgabe 3: Industrieunternehmen benötigen in der Regel einen besonders hohen Eigenkapitalanteil. Auf welche Weise wird eine Selbstfinanzierung vollzogen?
a) Eine AG erhöht das Grundkapital durch Ausgabe neuer Aktien.
b) Eine AG führt einen Teil des Jahresüberschusses den Gewinnrücklagen zu.
c) Ein Einzelunternehmer führt seinem Unternehmen aus seinem privaten Vermögen zusätzlich Kapital zu.
d) Ein Unternehmen nimmt neue Gesellschafter auf.
e) Ein Unternehmen nimmt einen Kredit auf.

Aufgabe 4 (Sofern die Rechtsformen schon im Unterricht behandelt wurden): Melina Liciosa ist Alleininhaberin einer kleinen Werbeagentur. Die Geschäfte laufen allerdings so gut, dass sie den Betrieb gerne erweitern würde. Da ihre eigenen finanziellen Mittel dazu nicht ausreichen und sie auch keinen Bankkredit aufnehmen möchte, bleibt nur die Beteiligungsfinanzierung durch die Aufnahme eines neuen Gesellschafters. Sie ist sich allerdings nicht sicher, ob eine OHG, eine KG oder GmbH für sie vorteilhafter wäre, da sie auch weiterhin gerne hauptverantwortlich die Geschäfte weiterführen möchte. Erläutern Sie, welche Auswirkungen eine Kapitalbeschaffung über die drei zur Auswahl stehenden Gesellschaftsformen jeweils auf ihr Mitspracherecht hätten.

19. Finanzierung – Möglichkeiten der Kapitalbeschaffung

Frau Dürrbeck: Am häufigsten nimmt man als Unternehmen – und auch als Privatperson – bei der Kapitalbeschaffung die Kreditfinanzierung in Anspruch. Sprich: Es gibt einen Dritten, der uns Geld für einen bestimmten Zeitraum leiht. Und das kann auf mehrere Arten geschehen. Ich habe dazu mal einige Beispiele herausgesucht …

Beispiel 1:

Ratenzahlung — OTTO

Bezahlen in 3 – 24 Monaten

Teilen Sie uns einfach bei Ihrer Bestellung mit, in wie vielen Monatsraten Sie zahlen möchten. Bei Erhalt der Rechnung zahlen Sie dann ganz bequem per Überweisung entweder alles in einem Betrag, oder in den von Ihnen gewählten Monatsraten.

Teilzahlungskonditionen:

Monatsraten	3	6	9	12	18	24
Monatlicher Aufschlag	0,79 %	0,70 %	0,67 %	0,66 %	0,65 %	0,65 %

Bitte beachten Sie unser Rückgabe- und Widerrufsrecht sowie unseren Datenschutzhinweis in den **Allgemeinen Geschäftsbedingungen.**

Beispiel 2:

Zahlpause — OTTO

Jetzt einkaufen – erst in 100 Tagen bezahlen!

Nutzen Sie die 100-tägige Zahlpause: für das gesamte Angebot und bei jedem Einkauf neu! Einfach bei Ihrer Bestellung am Telefon angeben oder das entsprechende Feld auf dem Bestellschein bzw. im Internet ankreuzen. Bonität vorausgesetzt.

* mit 2,4 % Aufschlag auf den Warenwert, Bonität vorausgesetzt

Beispiel 3:

Kontokorrentkredit – Für mehr finanziellen Spielraum

Nutzen Sie die Skontovorteile Ihrer Zulieferer. Für finanziellen Spielraum sorgt der Kreditrahmen auch dann, wenn Sie Ihren Kunden einen zusätzlichen Kaufanreiz durch die Einräumung eines Zahlungszieles bieten wollen. Mit dieser Liquiditätsreserve reagieren Sie schnell auf geänderte Markt- und Unternehmensbedingungen. Liquidität zahlt sich aus!

KREISSPARKASSE MÜNCHEN STARNBERG — Mit Ideen und Engagement

19. Finanzierung – Möglichkeiten der Kapitalbeschaffung

Beispiel 4:

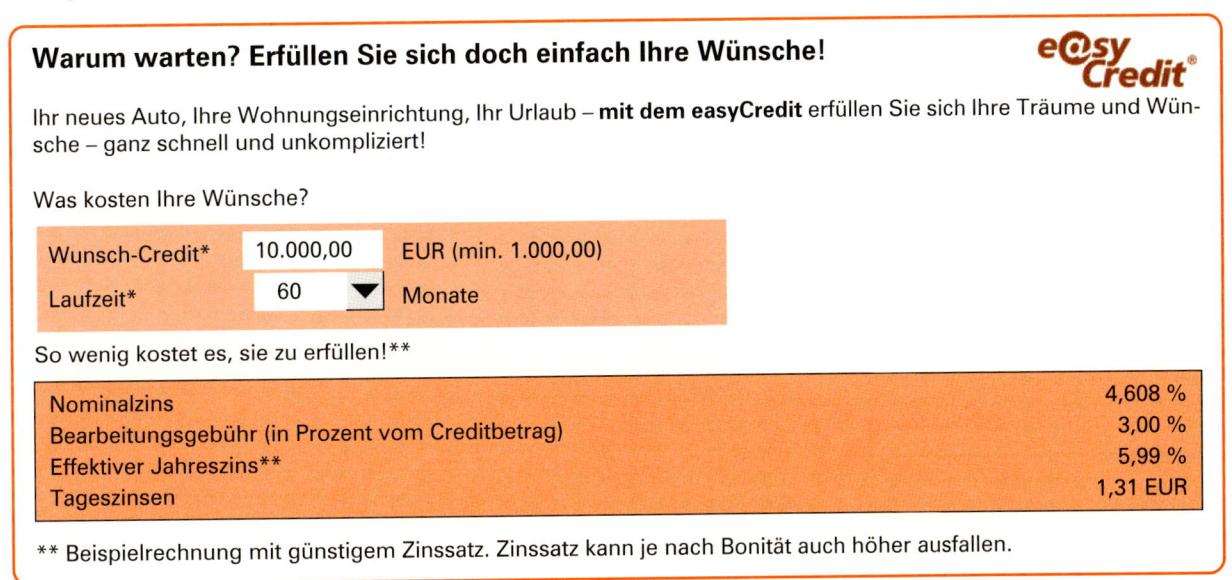

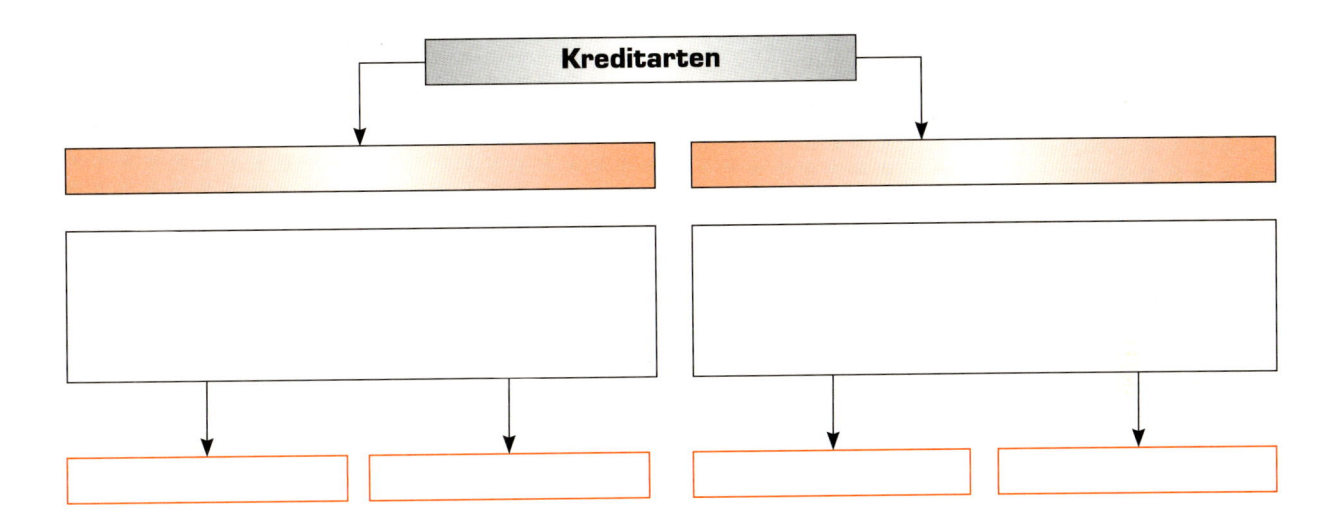

Warum warten? Erfüllen Sie sich doch einfach Ihre Wünsche!

e@syCredit®

Ihr neues Auto, Ihre Wohnungseinrichtung, Ihr Urlaub – **mit dem easyCredit** erfüllen Sie sich Ihre Träume und Wünsche – ganz schnell und unkompliziert!

Was kosten Ihre Wünsche?

Wunsch-Credit*	10.000,00	EUR (min. 1.000,00)
Laufzeit*	60	Monate

So wenig kostet es, sie zu erfüllen!**

Nominalzins	4,608 %
Bearbeitungsgebühr (in Prozent vom Creditbetrag)	3,00 %
Effektiver Jahreszins**	5,99 %
Tageszinsen	1,31 EUR

** Beispielrechnung mit günstigem Zinssatz. Zinssatz kann je nach Bonität auch höher ausfallen.

Kreditarten

19. Finanzierung – Möglichkeiten der Kapitalbeschaffung

Arbeitsauftrag 1: Angenommen, Sie bestellen privat ein komplettes Business-Outfit aus dem aktuellen OTTO-Sortiment für insgesamt 250,00 € per Internet. Da Sie wie immer knapp bei Kasse sind und auch keine finanziellen Reserven haben, möchten Sie gerne in 24 Monatsraten zahlen. Rechnen Sie anhand der Daten aus Beispiel 1 aus, wie viel Sie das Outfit dann letztlich kosten wird und wie hoch Ihre Monatsraten wären.

....
....
....
....
....

Arbeitsauftrag 2:

a) Wie viel müssten Sie für Ihre Bestellung bezahlen, wenn Sie statt der Ratenzahlung die Zahlpause nutzen wollen – und wir davon ausgehen, dass Ihre Bonität von OTTO als gut eingestuft wird?

....
....
....

b) Welchem Jahreszinssatz entspricht der Aufpreis für den von OTTO angebotenen Zahlungsaufschub?

....
....
....

Arbeitsauftrag 3: Ihnen gefällt das bestellte Business-Outfit jedoch gar nicht, als Sie es am 08.04. nach Hause geliefert bekommen und eine Stunde in der Wohnung „probegetragen" haben. Bei der Bestellung auf der Homepage haben Sie u.a. auch die Bestätigung angekreuzt, dass Sie die AGB gelesen haben – obwohl Sie es nicht wirklich getan haben... Nun schauen Sie sicherheitshalber noch einmal nach und lesen Folgendes:

> **Widerrufsrecht**
>
> Sie können Ihre Vertragserklärung ohne Angabe von Gründen innerhalb von zwei Wochen in Textform, [...], also z.B. per Brief, Fax oder E-Mail, oder durch Rücksendung der Ware widerrufen. Die Frist beginnt mit Erhalt der Ware und dieser Belehrung [...]. Zur Wahrung der Widerrufsfrist genügt die rechtzeitige Absendung des Widerrufs oder der Ware. Der Widerruf oder die Rücksendung der Ware sind zu richten an: Otto, 20088 Hamburg. Die Rücksendung paketfähiger Ware kann auch durch Abgabe in einem PaketShop erfolgen [...] oder an Hermes, der die Ware bei Ihnen abholt [...].

19. Finanzierung – Möglichkeiten der Kapitalbeschaffung

Widerrufsfolgen

Im Falle eines wirksamen Widerrufs sind die beiderseits empfangenen Leistungen zurückzugewähren und gegebenenfalls gezogene Nutzungen (z. B. Gebrauchsvorteile) herauszugeben. Können Sie uns die empfangene Ware ganz oder teilweise nicht oder nur in verschlechtertem Zustand zurückgewähren, müssen Sie uns insoweit ggf. Wertersatz leisten. Dies gilt nicht, wenn die Verschlechterung der Ware ausschließlich auf deren Prüfung – wie sie etwa im Ladengeschäft üblich gewesen wäre – zurückzuführen ist. Im Übrigen können Sie die Wertersatzpflicht vermeiden, indem Sie die Ware nicht wie ein Eigentümer in Gebrauch nehmen und alles unterlassen, was deren Wert beeinträchtigt. Achtung: Paketversandfähige Ware ist zurückzusenden. Sie haben die Kosten der Rücksendung zu tragen, wenn die gelieferte Sache der bestellten entspricht und wenn der Preis der zurückzusendenden Sache einen Betrag von Euro 40,00 nicht übersteigt […]. Andernfalls ist die Rücksendung für Sie kostenfrei. […]

Wie würden Sie jetzt handeln und welche Kosten kommen evtl. auf Sie zu?

....
....
....
....
....
....
....
....
....
....
....
....

Widerrufsrecht bei Verträgen (gem. BGB):

Arbeitsauftrag 4:

a) Überlegen Sie zusammen mit Ihrem Banknachbarn, welche Informationen „easyCredit" - bzw. generell ein Kreditgeber – von Ihnen benötigt, um einen Kredit gemäß Ihrer persönlichen Bonität gewähren zu können.

....
....
....
....
....
....
....

b) Welche Informationen über den Kredit selbst müssen in einem Kreditantrag enthalten sein?

....
....
....
....
....
....
....
....
....

Arbeitsauftrag 5: Auf der Homepage von „easyCredit" findet sich außerdem folgender Hinweis:

> Gerne erstellen wir hier Ihr individuelles easyCredit-Angebot. Ihr Vorteil: Auf Grundlage Ihrer persönlichen Daten erhalten Sie eine automatisierte Sofortzusage – vorausgesetzt, Ihre Angaben und die eingereichten Unterlagen stimmen überein, Ihre Bonität und die SCHUFA-Auskunft bzw. Auskünfte von Auskunfteien sowie eine positive Legitimationsprüfung lassen eine Auszahlung zu. Sie haben die Möglichkeit, eine Ablehnung in unserer Zentrale in Nürnberg überprüfen zu lassen.
>
> Mit einer Auswahl Ihrer Daten führen wir ein Kreditscoring zum Zweck der Kreditentscheidung und Festlegung der Zinshöhe durch. Hierbei fließen Auskünfte Dritter sowie ggf. eigene Erkenntnisse ein.

> **Bearbeitungshinweis:**
>
> Bilden Sie Sechsergruppen. Recherchieren Sie dann innerhalb Ihrer Gruppe arbeitsteilig (paarweise) im Internet,
>
> a) wer oder was die „SCHUFA" ist, (= Paar 1)
>
> b) worum es sich bei den „Auskunfteien" handelt (= Paar 2) und
>
> c) wie eine „Legitimationsprüfung" abläuft. (= Paar 3)
>
> Fassen Sie die wesentlichen Inhalte zu Ihrer Recherche stichwortartig und übersichtlich auf maximal einer A4-Seite zusammen und kopieren Sie diese für Ihre Gruppenmitglieder und den Lehrer. Anschließend erklären Sie Ihr Teilthema innerhalb Ihrer Gruppe und stehen für Verständnisfragen zur Verfügung.

20. Exkurs: Effektivverzinsung bei Lieferantenkrediten (Skontogewährung)

> Bei der Begleichung von Rechnungen stellt sich im Unternehmen immer wieder die Frage, ob man das maximale Zahlungsziel voll ausschöpfen sollte, oder ob es günstiger ist, den gewährten Skontoabzug zu nutzen. Eine schwierige Entscheidung, besonders, wenn es gerade an Liquidität mangelt ...

Frau Dürrbeck

Arbeitsauftrag 1: In dem Finanzierungsbeispiel der Kreissparkasse München Starnberg steht u. a. folgender Satz: *„Nutzen Sie die Skontovorteile Ihrer Zulieferer".* Erklären Sie, was diese Aussage mit dem beworbenen Kontokorrentkredit zu tun hat.

....
....
....
....
....

Arbeitsauftrag 2:

Ausgangssituation:

Angenommen, die Creationis GmbH erhält von einem Lieferanten am 30.09. eine Rechnung über 6 800,00 € netto. Als Zahlungsbedingung ist vermerkt: *„Zahlbar innerhalb 30 Tagen nach Rechnungserhalt netto Kasse oder innerhalb 10 Tagen abzüglich 2 % Skonto."* Außerdem gilt laut Kaufvertrag der gesetzliche Erfüllungsort.

Die aktuellen Sollzinsen auf dem Firmenkonto bei der Kreissparkasse München Starnberg betragen 13,50 %. Der momentane Kontostand ist wegen mehrerer zahlungsunwilliger Kunden gleich null.

a) Wann sollte die Creationis GmbH diese Rechnung am besten begleichen?

20. Exkurs: Effektivverzinsung bei Lieferantenkrediten (Skontogewährung)

b) Rechnen Sie den gewährten Skontoprozentsatz auf einen Jahreszinssatz um und beurteilen Sie diesen im Vergleich zu den Kontokorrentkreditzinsen!

....
....
....
....
....
....
....
....
....

c) Was würde es die Creationis GmbH letztendlich kosten, wenn sie den Kontokorrentkredit nutzt um die Rechnung mit Skontoabzug zu bezahlen – und wir davon ausgehen, dass in der Zeit auch keine anderweitigen Zahlungseingänge auf dem Firmenkonto zu verzeichnen sind?

....
....
....
....

20. Exkurs: Effektivverzinsung bei Lieferantenkrediten (Skontogewährung)

Übungsaufgaben zur Effektivverzinsung bei Skonto:

Lohnt sich für die Creationis GmbH eine Kontoüberziehung zu einem Zinssatz von 12,75 % bei folgenden Zahlungskonditionen verschiedener Lieferanten?

a) „Zahlbar innerhalb 3 Tagen abzüglich 1,5 % Skonto oder 50 Tage ohne Abzug"

b) „Zahlbar innerhalb 7 Tagen abzüglich 2 % Skonto oder 30 Tage ohne Abzug"

Die Creationis GmbH hat eine neue Espressomaschine zum Preis von 620,00 € bestellt. Die Zahlungsbedingungen des Lieferanten lauten wie folgt: *„2,5 % Skonto bei Zahlung innerhalb 7 Tagen oder 30 Tage Ziel"*. Es gilt der gesetzliche Erfüllungsort. Wie hoch ist der Finanzierungsgewinn, wenn die Werbeagentur bei ihrer Bank einen Kredit zu 11 % aufnehmen muss, um die Rechnung abzüglich Skonto begleichen zu können?

Die Creationis GmbH hat mit einem langjährigen Lieferanten folgende Zahlungsbedingungen vereinbart: *„Zahlbar innerhalb 8 Tagen mit 2,5 % Skonto oder nach 20 Tagen ohne Abzug."*

Bei Zahlung der letzten Eingangsrechnung hat die Werbeagentur den Skontoabzug in Anspruch genommen. Hierfür musste sie einen Kredit zu 12 % aufnehmen und zahlte somit 6,50 € an Zinsen an die Bank.

a) Wie hoch war der ursprüngliche Rechnungsbetrag?

20. Exkurs: Effektivverzinsung bei Lieferantenkrediten (Skontogewährung)

b) Berechnen Sie mit Hilfe der **Zinsformel** (!), welchem effektiven Zinssatz die 2,5 % Skonto entsprechen!

....

c) Wie hoch war der Finanzierungsgewinn in diesem Fall?

....

Aufgabe 4:

Die Creationis GmbH möchte ihre eigenen Zahlungsbedingungen im Rahmen der Preispolitik so gestalten, dass die eigenen Kunden möglichst bald ihre Rechnungen begleichen. Wie kann sie dieses Ziel sinnvoll erreichen?

....

21. Möglichkeiten der Kreditsicherung

> Als unser Geschäftsführer vor kurzem den Kredit über die 200 000,00 € für die Erweiterung der Geschäftsräume bei der Bank beantragen wollte, stellte die Bankangestellte die Frage, ob er ihr dafür Sicherheiten bieten könne …
> Welche unterschiedlichen Kreditsicherungsmöglichkeiten gibt es denn grundsätzlich?

Frau Dürrbeck

Bearbeitungshinweis:

Informieren Sie sich über Ihre Kreditsicherungsmöglichkeit und klären Sie evtl. Verständnisfragen innerhalb Ihrer Gruppe. Füllen Sie dann die nachfolgende Tabelle mit einer kurzen, stichwortartigen (!) Erklärung dazu aus. Überlegen Sie auch, wie Sie Ihren Mitschülern/-innen die wesentlichen Inhalte bei der anschließenden Präsentation verständlich erklären können.

Bürgschaft	
Zession	

21. Möglichkeiten der Kreditsicherung

Lombardkredit (Pfandkredit)	
Sicherungsübereignung	
Hypothek	
Grundschuld	

21. Möglichkeiten der Kreditsicherung

Arbeitsauftrag 1: Ordnen Sie nun folgende verschiedene Kreditsicherungsmöglichkeiten als Beispiele in die Übersicht ein:

Hypothek – Bürgschaft – Pfand-/Lombardkredit – Blankokredit (aufgrund Bonität des KN) – Grundschuld – Eigentumsvorbehalt – Zession - Sicherungsübereignung

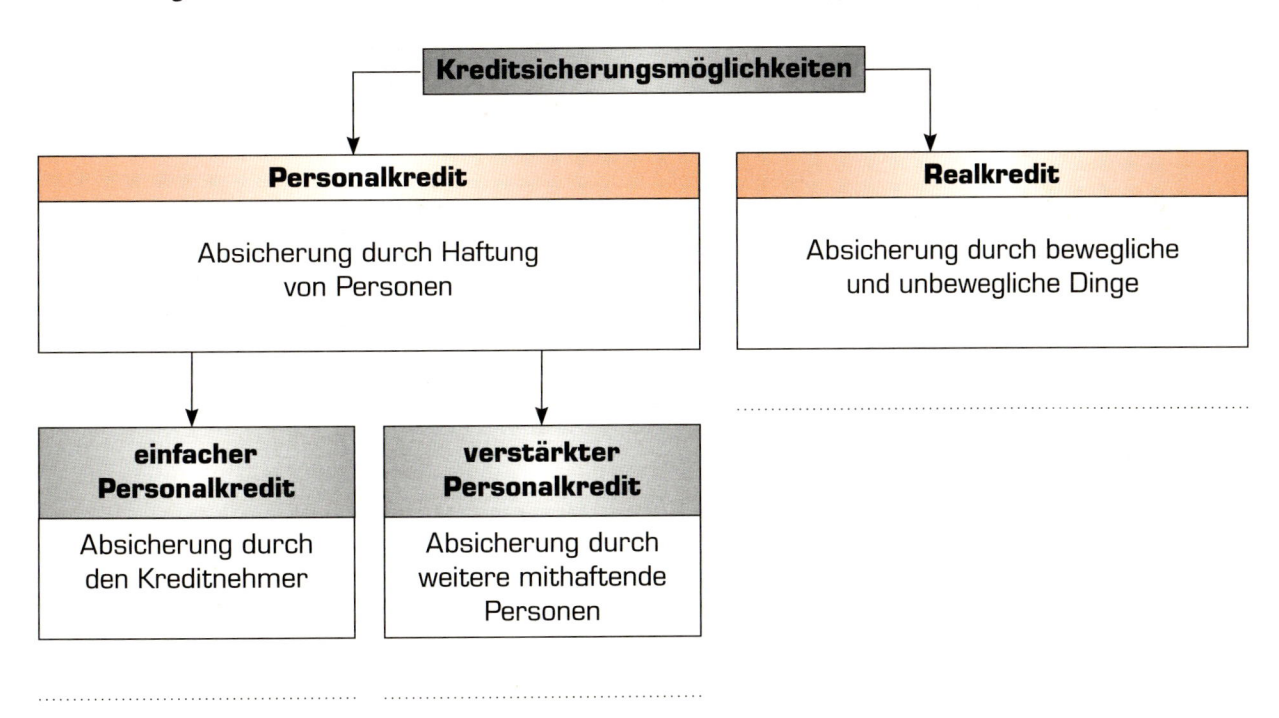

```
                    Kreditsicherungsmöglichkeiten
                    /                            \
          Personalkredit                      Realkredit
     Absicherung durch Haftung        Absicherung durch bewegliche
           von Personen                  und unbewegliche Dinge
         /            \
  einfacher         verstärkter
Personalkredit     Personalkredit
Absicherung durch  Absicherung durch
den Kreditnehmer   weitere mithaftende
                       Personen
```

Arbeitsauftrag 2: Welche Kreditsicherungsmöglichkeiten könnte die Creationis GmbH der Bank für das Darlehen über 200 000 € anbieten – bzw. welche Voraussetzungen müssen dafür jeweils erfüllt sein?

21. Möglichkeiten der Kreditsicherung

Übungsaufgaben zu den Kreditsicherungsmöglichkeiten:

Aufgabe 1: Die meisten Warenlieferanten sichern sich in ihren Zahlungsbedingungen durch einen Eigentumsvorbehalt an der gelieferten Ware ab. Welche Aussage dazu ist **falsch?**

a) Beim Eigentumsvorbehalt wird der Erwerber vorerst Besitzer der Ware, der Veräußerer bleibt Eigentümer.

b) Durch den Eigentumsvorbehalt sichert sich der Veräußerer gegen das Risiko der Zahlungsunfähigkeit des Erwerbers ab.

c) Beim erweiterten Eigentumsvorbehalt wirkt sich das Recht des Verkäufers auf die Be- und Verarbeitung der Ware aus.

d) Erst nach vollständiger Bezahlung des Kaufpreises wird der Eigentümer der Ware auch ihr Besitzer.

Aufgabe 2: Welche Aussage über die Sicherungsübereignung ist **richtig?**

a) Die Sicherungsübereignung ist eine selbstschuldnerische Bürgschaft.

b) Der Besitz wird auf den Gläubiger übertragen, die angebotenen Sicherheiten bleiben jedoch Eigentum des Schuldners.

c) Das Eigentum wird auf den Schuldner übertragen, die angebotenen Sicherheiten bleiben jedoch im Besitz des Gläubigers.

d) Das Eigentum wird auf den Gläubiger übertragen, die angebotenen Sicherheiten bleiben jedoch im Besitz des Schuldners.

e) Besitz und Eigentum werden vorübergehend auf den Gläubiger übertragen.

Aufgabe 3: Welche Aussage trifft auf die Grundschuld zu?

a) Eine Grundschuld kann ins Grundbuch nur eingetragen werden, wenn ihr eine Forderung zugrunde liegt.

b) Aus der Grundschuld haftet nur das Grundstück, eine persönliche Haftung liegt nicht vor.

c) Bei der Grundschuld liegt sowohl eine persönliche als auch eine dingliche Haftung vor.

d) Ist auf einem Grundstück eine Grundschuld eingetragen, kann es nicht verkauft werden.

e) Eine Grundschuld kann nur zugunsten eines Gläubigers eingetragen werden, nicht aber auf den Eigentümer des Grundstücks.

Aufgabe 4: Nachfolgend werden einige Vermögensgegenstände der Creationis GmbH aufgeführt. Geben Sie jeweils an, für welche Kreditsicherungsmöglichkeit sie sich eignen.

a) Eigenes Firmengebäude =

 ....

 ....

b) Original-Gemälde von Kandinsky =

 ....

 ....

c) Forderungen gegen Kunden =

 ....

 ....

d) Firmenwagen =

 ....

 ....

21. Möglichkeiten der Kreditsicherung

Aufgabe 5: Stellen Sie die Besitz- und Eigentumsverhältnisse beim Lombardkredit und bei der Sicherungsübereignung dar.

Aufgabe 6: Der Geschäftsführer der Creationis GmbH würde den benötigten Bankkredit gerne mit einer stillen Zession absichern. Worin sieht er die Vorteile der stillen Zession gegenüber einer offenen Zession?

Aufgabe 7: Ein guter Freund von Ihnen will bei einem Kreditinstitut 10 000,00 € für die Anschaffung von neuen Möbeln aufnehmen, weil seine Wohnung leider vor kurzem ausgebrannt ist und er derzeit auch keine feste Arbeitsstelle hat, sondern nur als Praktikant unentgeltlich Erfahrungen im Berufsleben sammelt. Die Bank verlangt jedoch einen Bürgen, der zusätzlich für den Kredit haften soll. Ihr Freund bittet Sie, dieser Bürge zu sein. Überlegen Sie, ob Sie das tun würden und begründen Sie Ihre Entscheidung!

22. Sonderformen der Finanzierung: Leasing und Factoring

Frau Dürrbeck: Die Creationis GmbH braucht unbedingt noch einen zusätzlichen, leistungsfähigen Kopierer. Wir haben uns bereits für ein Gerät entschieden, das insgesamt 14 875,00 EUR kostet. Man kann es allerdings auch leasen. Lassen Sie uns mal überlegen …

Arbeitsauftrag 1: Was heißt „Leasing" überhaupt? Versuchen Sie in Dreiergruppen, diesen Begriff jemandem verständlich zu beschreiben, der noch nie von „Leasing" gehört hat.

....
....
....
....
....
....
....
....

Arbeitsauftrag 2: Welche Vor- und Nachteile hätte es für die Creationis GmbH, den Kopierer zu leasen anstatt ihn zu kaufen?

Vorteile Leasing	Nachteile Leasing

22. Sonderformen der Finanzierung: Leasing und Factoring

> Ich bekomme noch die Krise wegen der Zahlungsunwilligkeit vieler unserer Kunden. Die Zahlungsmoral scheint tatsächlich immer schlechter zu werden ... Nun hat unser Geschäftsführer etwas von „Factoring" gehört. Müssen wir uns mal genauer anschauen, was das bedeutet!

Frau Dürrbeck

Information:

Factoring ist wie die Zession eine Form der Forderungsabtretung und ist als besondere Finanzierungshilfe des Umlaufvermögens eines Unternehmens gedacht. So genannte „Factoring-Banken" (i.d.R. von Kreditinstituten oder deren Tochtergesellschaften betrieben) kaufen von ihren Kunden (Factoringnehmer) Forderungen aus Lieferungen und Leistungen auf. Der Factoringnehmer erhält dann sofort von der Factoring-Bank etwa 80 bis 90 % des Rechnungswertes ausgezahlt, der Rest wird als Sicherheit zunächst noch zurückbehalten, bis die Rechnung tatsächlich beglichen wurde.

Damit sich die Finanzierung für den Factor lohnt, berechnet er dem Factoringnehmer Zinsen für den Zeitraum zwischen den Ankauf der Forderung und dem Eingang der Zahlung des Debitors sowie eine Factoring-Provision (0,5 bis etwa 3,5 % der Gesamtsumme). Factoring kann ebenso wie die Zession still oder offen betrieben werden.

Gegen ein zusätzliches Entgelt, die sog. „Delkredereprovision", nimmt der Factor dem Factoringnehmer sogar das Forderungsausfallrisiko ab. Der Factoringnehmer behält also auch dann den vom Factor vorfinanzierten Betrag, wenn der Drittschuldner nicht zahlt und der Factor die ihm abgetretene Forderung nicht einziehen kann.

Der Factor bietet außerdem die Übernahme eines Großteils der Debitorenbuchhaltung als zusätzliche Dienstleistung an. Dazu gehören Rechnungserstellung, Verbuchung der Zahlungseingänge, Fristenüberwachung, Mahnwesen und Geldeintreibung.

Arbeitsauftrag 1: Vervollständigen Sie anhand der obigen Informationen nachfolgendes Schaubild über den grundsätzlichen Ablauf des Factorings.

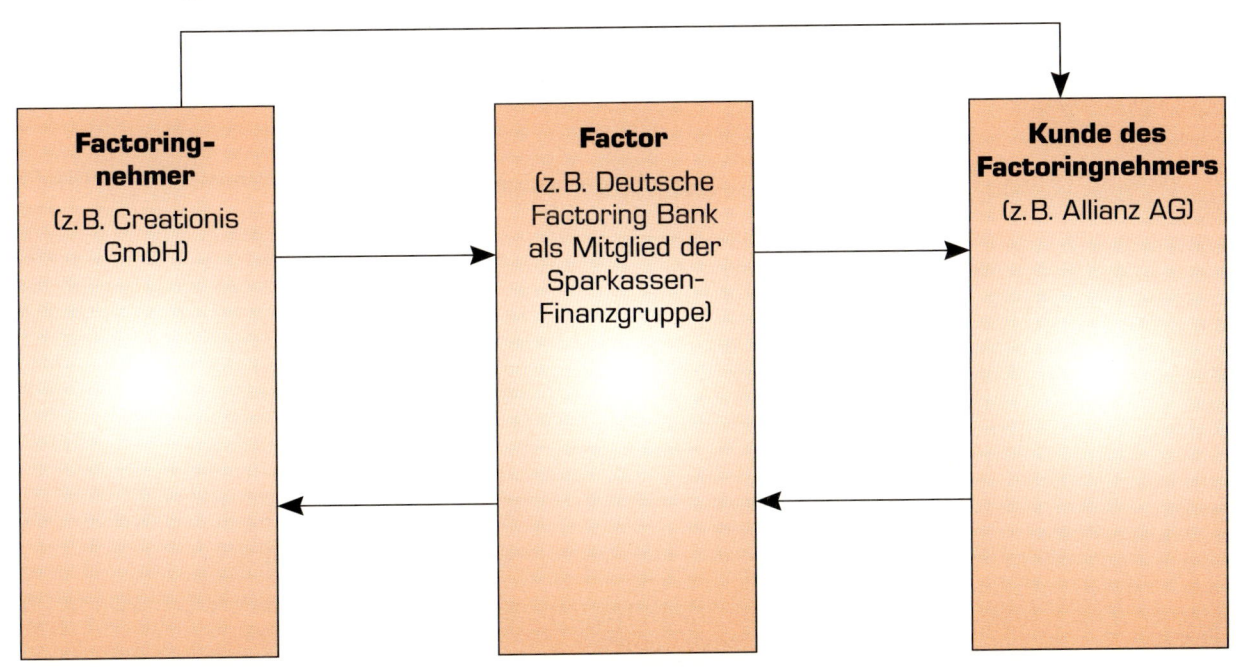

Factoringnehmer (z. B. Creationis GmbH)	Factor (z. B. Deutsche Factoring Bank als Mitglied der Sparkassen-Finanzgruppe)	Kunde des Factoringnehmers (z. B. Allianz AG)

22. Sonderformen der Finanzierung: Leasing und Factoring

Arbeitsauftrag 2: Der Geschäftsführer der Creationis GmbH ist sich nach wie vor nicht sicher, ob er das Factoring in Anspruch nehmen soll. Sammeln Sie in Dreiergruppen Argumente, die dafür oder dagegen sprechen.

Vorteile Factoring	Nachteile Factoring

Arbeitsauftrag 3: Die Creationis GmbH hat zur Zeit ausstehende Forderungen in Höhe von 220 000,00 € mit einem durchschnittlichen Zahlungsziel von 30 Tagen. Da die Erweiterung der Geschäftsräume immer noch aussteht und die Hausbank leider keinen Kredit über die Gesamtsumme gewähren wollte, möchte der Geschäftsführer diese Forderungen nun an eine Factoring-Bank verkaufen. Zusätzlich soll Delkrederefunktion übernommen werden. Nach Prüfung dieser Forderungen macht der Factor folgendes Angebot: Zinsen = 14 % p.a., Gesamtprovision = 3,5 % von 220 000,00 €.

a) Ermitteln Sie die gesamten Kosten, welche die Factoring-Bank in Rechnung stellen wird.

....
....
....
....
....

b) Welchem effektiven Jahreszinssatz entspricht das Angebot des Factors?

....
....
....

Arbeitsauftrag 4: Überlegen Sie, worin die Unterschiede zwischen Factoring und der Zession bestehen.

....
....
....
....

23. Unternehmen in finanzieller Krise

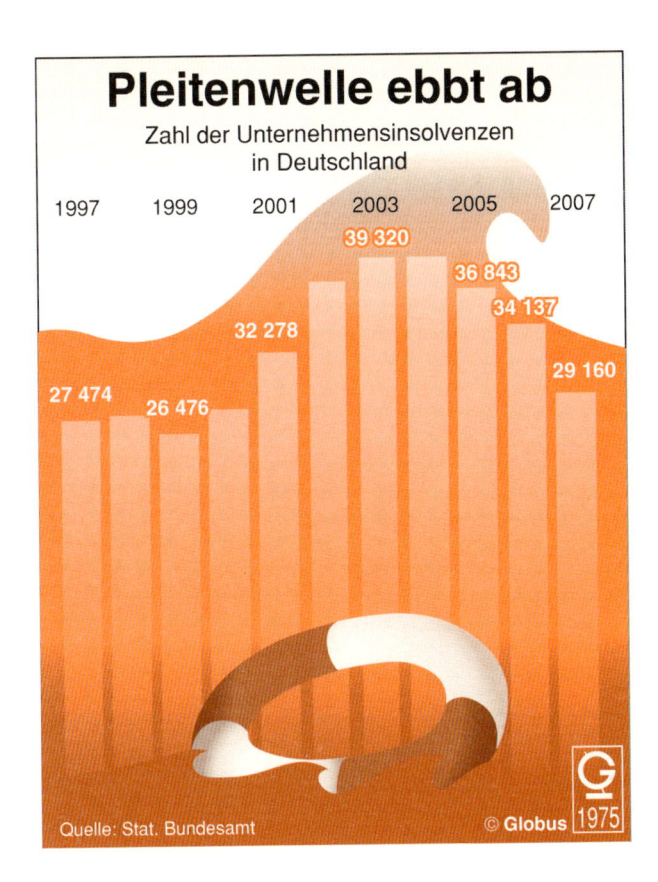

Frau Dürrbeck: Na toll, jetzt haben wir nach drei Monaten endlich einen Scheck über unsere noch ausstehende Forderung von einem unserer Kunden, der Münchener Reisebuchhandlung „Hin und Weg GmbH" bekommen, und was ist? Als wir ihn einlösen wollten, sagte mir die Bankangestellte, das ginge nicht, weil deren Konto nicht die erforderliche Deckung aufweise ... Und nun? Können wir die 8 000,00 € abschreiben, oder besteht für uns noch eine Chance, unser Geld zu bekommen?

Pleitenwelle ebbt ab
Zahl der Unternehmensinsolvenzen in Deutschland

Jahr	Anzahl
1997	27 474
1999	26 476
2001	32 278
2003	39 320
2005	36 843
2006	34 137
2007	29 160

Quelle: Stat. Bundesamt © Globus 1975

Der Aufschwung hat sich auch auf die Insolvenzen ausgewirkt: Die Zahl der Firmenpleiten in Deutschland ist im vergangenen Jahr auf 29 160 gesunken. Nach Angaben des Statistischen Bundesamtes waren das fast 15 Prozent weniger als im Vorjahr (34 137). Weniger Insolvenzen hatte es zuletzt im Boomjahr 2000 gegeben, als 28 235 Firmen Zahlungsunfähigkeit angemeldet hatten. Die Gesamtzahl der Insolvenzen – zu denen auch Verbraucherinsolvenzen gezählt werden – lag im vergangenen Jahr bei 1 645 600. Die Forderungen der Gläubiger summierten sich 2007 auf 32 (Vorjahr: 36) Milliarden Euro. Davon entfielen 57 Prozent auf Unternehmen.

Arbeitsauftrag 1: Eine „Pleite" trifft ein Unternehmen i. d. R. nicht unvorbereitet, sondern lässt sich über einen längeren Zeitraum an verschiedenen Phasen absehen. Diese sind in der nachfolgenden Tabelle ungeordnet dargestellt. Bringen Sie sie in eine logische Reihenfolge!

Phase	Merkmal
	Rückgang der Gewinne
	Zunehmende Verschuldung
	Erste Zahlungsschwierigkeiten
	Abnehmende Auftragseingänge
	Zahlungsunfähigkeit
	Sinkende Umsätze

23. Unternehmen in finanzieller Krise

Arbeitsauftrag 2: Angenommen, Sie sind einer der Betreiber der Reisebuchhandlung „Hin und Weg GmbH". Da Ihr Herzblut an der Buchhandlung hängt, die Sie zusammen mit drei guten Freunden erst im letzten Jahr eröffnet haben, wollen Sie auf keinen Fall gleich aufgeben. Deshalb setzen Sie sich alle vier in einer Krisensitzung zusammen um die Gründe zu analysieren, die zu der aktuellen Unternehmenskrise geführt haben ...

Überlegen Sie sich in Ihrer Gruppe für jedes der folgenden „Problemfelder", welche möglichen Ursachen in dem jeweiligen Bereich zu den momentanen finanziellen Schwierigkeiten der Reisebuchhandlung geführt haben könnten – und mit welchen Lösungsmaßnahmen man diese Probleme zukünftig in den Griff kriegen könnte.

Problemfelder	Mögliche Probleme	Mögliche Sanierungsmaßnahmen
Finanzen		
Marketing		

23. Unternehmen in finanzieller Krise

Problemfelder	Mögliche Probleme	Mögliche Sanierungsmaßnahmen
Personal		
Organisation		
Außerbetriebliche Faktoren		

23. Unternehmen in finanzieller Krise

Arbeitsauftrag 3: Während Sie und Ihre Freunde noch versuchen, die Sanierungsmaßnahmen für Ihre Buchhandlung umzusetzen, spitzt sich die Situation zu: Zwei Ihrer Großgläubiger fordern ihre Kredite in Gesamthöhe von 50 000,00 € zurück und bei den Banken bekommen Sie auch keine weiteren Darlehen mehr. Sie lassen sich bei der IHK beraten, was Sie nun tun können, und dort wird Ihnen ein **außergerichtlicher Vergleich** mit den beiden Großgläubigern empfohlen. Wenn diese sich darauf einlassen würden, Ihnen entweder einen **Zahlungsaufschub (= Stundungsvergleich)** zu gewähren, oder **auf einen Teil ihrer Forderungen verzichten (= Erlassvergleich)**, könnte das ein gerichtliches Insolvenzverfahren vermeiden. Diskutieren Sie, welche Argumente aus Sicht der Großgläubiger für oder gegen einen außergerichtlichen Vergleich sprechen.

Arbeitsauftrag 4: Trotz aller Bemühungen wird die finanzielle Situation der Reisebuchhandlung nicht besser. Sie können inzwischen nicht einmal mehr die Miete des Ladens bezahlen und es drohen bereits mehrere Zwangsvollstreckungsverfahren von diversen Gläubigern. Ihnen bleibt nichts anderes übrig: Sie melden beim zuständigen Amtsgericht Insolvenz an. Beantworten Sie die folgenden Fragen mit Hilfe der umseitigen Übersicht über den Ablauf eines Insolvenzverfahrens.

a) Was wäre wahrscheinlich passiert, wenn Sie nicht den Insolvenzantrag gestellt hätten?

b) Wer führt nun die laufenden Geschäfte der Reisebuchhandlung „Hin und Weg GmbH"?

c) Wie kommt die Creationis GmbH jetzt an ihr Geld?

23. Unternehmen in finanzieller Krise

(Vereinfachter) Überblick über das Insolvenzverfahren:

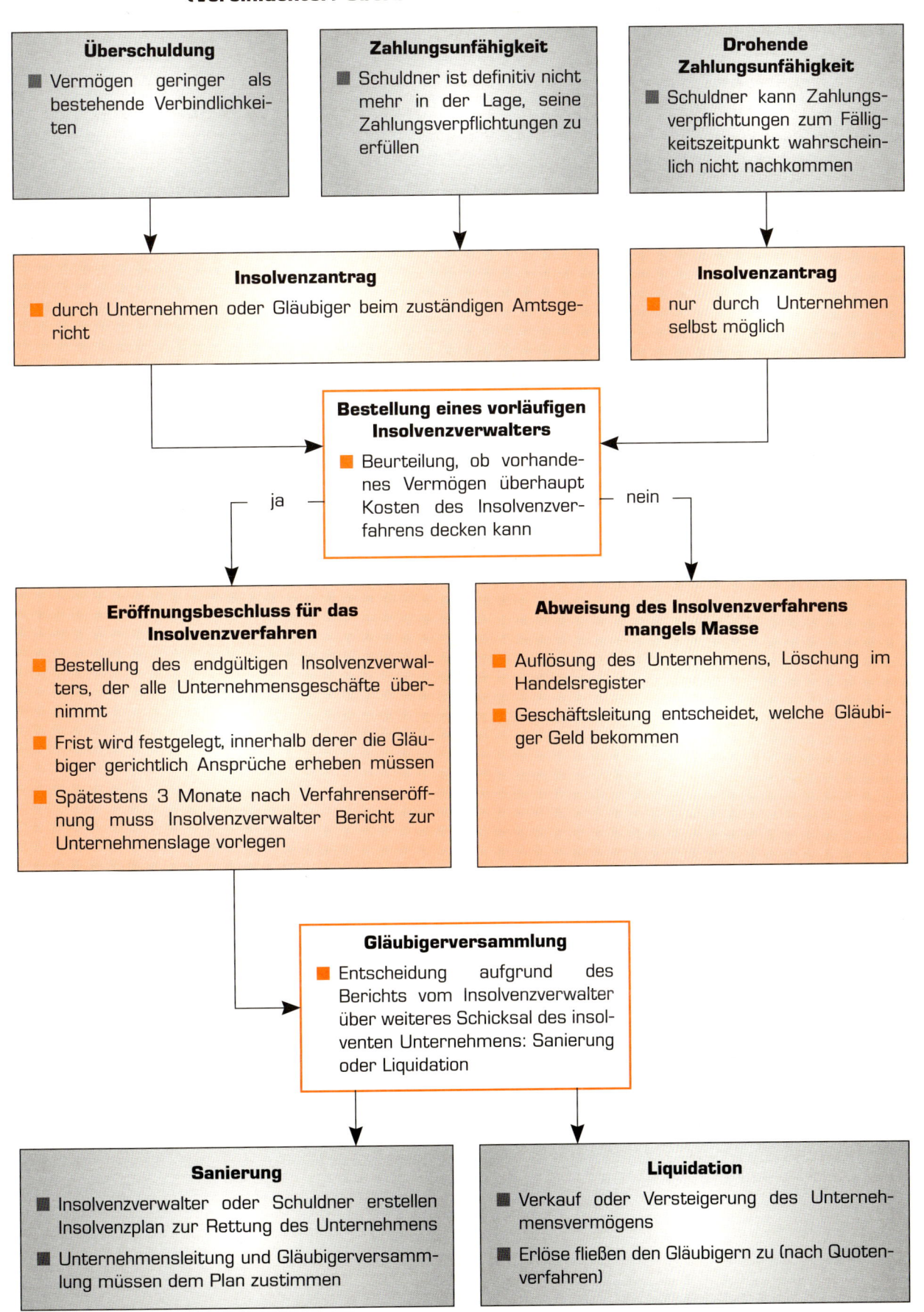

Überschuldung
- Vermögen geringer als bestehende Verbindlichkeiten

Zahlungsunfähigkeit
- Schuldner ist definitiv nicht mehr in der Lage, seine Zahlungsverpflichtungen zu erfüllen

Drohende Zahlungsunfähigkeit
- Schuldner kann Zahlungsverpflichtungen zum Fälligkeitszeitpunkt wahrscheinlich nicht nachkommen

Insolvenzantrag
- durch Unternehmen oder Gläubiger beim zuständigen Amtsgericht

Insolvenzantrag
- nur durch Unternehmen selbst möglich

Bestellung eines vorläufigen Insolvenzverwalters
- Beurteilung, ob vorhandenes Vermögen überhaupt Kosten des Insolvenzverfahrens decken kann

ja → / nein →

Eröffnungsbeschluss für das Insolvenzverfahren
- Bestellung des endgültigen Insolvenzverwalters, der alle Unternehmensgeschäfte übernimmt
- Frist wird festgelegt, innerhalb derer die Gläubiger gerichtlich Ansprüche erheben müssen
- Spätestens 3 Monate nach Verfahrenseröffnung muss Insolvenzverwalter Bericht zur Unternehmenslage vorlegen

Abweisung des Insolvenzverfahrens mangels Masse
- Auflösung des Unternehmens, Löschung im Handelsregister
- Geschäftsleitung entscheidet, welche Gläubiger Geld bekommen

Gläubigerversammlung
- Entscheidung aufgrund des Berichts vom Insolvenzverwalter über weiteres Schicksal des insolventen Unternehmens: Sanierung oder Liquidation

Sanierung
- Insolvenzverwalter oder Schuldner erstellen Insolvenzplan zur Rettung des Unternehmens
- Unternehmensleitung und Gläubigerversammlung müssen dem Plan zustimmen

Liquidation
- Verkauf oder Versteigerung des Unternehmensvermögens
- Erlöse fließen den Gläubigern zu (nach Quotenverfahren)

23. Unternehmen in finanzieller Krise

Arbeitsauftrag 5: Auf der Gläubigerversammlung wurde entschieden, dass es zu einer Liquidation der „Hin und Weg GmbH" kommen soll. Der Insolvenzverwalter ermittelt nach Eingang aller Gläubigerforderungen folgende Werte in EUR für die Reisebuchhandlung:

Gesamtvermögen:	*42 000,00*
Verbindlichkeiten aus Lieferungen und Leistungen:	*28 425,00*
– *davon unter einfachem Eigentumsvorbehalt geliefert:*	*4 300,00*
– *davon unter verlängertem Eigentumsvorbehalt geliefert:*	*14 230,00*
Darlehensverbindlichkeiten:	*30 000,00*
– *davon durch Sicherungsübereignung abgesichert:*	*8 100,00*
Ausstehende Gehaltsforderungen:	*3 600,00*
Sonstige Masseverbindlichkeiten (z. B. Miet-, Energiekosten)	*7 200,00*
Massekosten (= Kosten des Insolvenzverfahrens):	*6 370,00*

a) Berechnen Sie unter Berücksichtigung des nachfolgenden Schemas, wie groß die verbleibende Insolvenzmasse der „Hin und Weg GmbH" ist.

> Vermögen zum Zeitpunkt der Eröffnung des Insolvenzverfahrens 42.000,00
> – **Aussonderungsrechte** = (Gegenstände, die dem insolventen Unternehmen nicht gehören) ....
> = Insolvenzmasse (= gesamtes Vermögen des Schuldners) ....
> – Forderungen der **absonderungsberechtigten** Gläubiger (= abgesicherte Kredite) ....
> – Forderungen vom Gericht / Insolvenzverwalter (= Massekosten) ....
> = **Für einfache Insolvenzgläubiger verbleibende Insolvenzmasse** ....
> noch offene Verbindlichkeiten der Insolvenzgläubiger: ....

b) Wie viel würde die Creationis GmbH denn noch von ihrer ursprünglichen Forderung in Höhe von 8 000,00 € bekommen?

Insolvenzquote:

24. Überschuldung von Privatpersonen

> Wie, Sie wollen einen Vorschuss auf Ihre nächste Ausbildungsvergütung!!?? Jetzt schon??? Der Monat hat doch gerade erst angefangen! Und das ist auch nicht das erste Mal, dass Sie darum bitten... Vielleicht sollten Sie mal ein bisschen sparsamer leben und weniger Geld für unnütze Dinge ausgeben. Sonst kommen Sie ja nie auf einen grünen Zweig! Stellen Sie sich mal vor, Sie machen immer mehr Schulden – was passiert denn dann?

Frau Dürrbeck

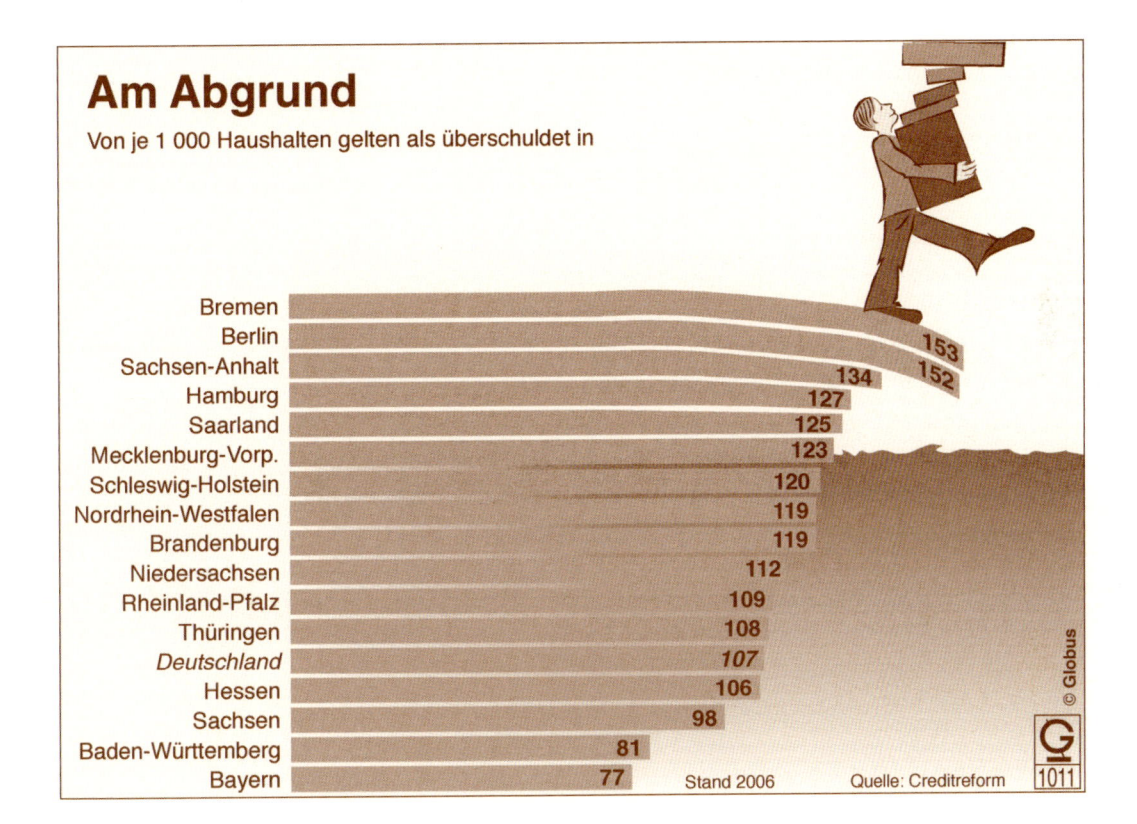

Am Abgrund
Von je 1 000 Haushalten gelten als überschuldet in

Bundesland	Wert
Bremen	153
Berlin	152
Sachsen-Anhalt	134
Hamburg	127
Saarland	125
Mecklenburg-Vorp.	123
Schleswig-Holstein	120
Nordrhein-Westfalen	119
Brandenburg	119
Niedersachsen	112
Rheinland-Pfalz	109
Thüringen	108
Deutschland	*107*
Hessen	106
Sachsen	98
Baden-Württemberg	81
Bayern	77

Stand 2006   Quelle: Creditreform   © Globus 1011

Arbeitsauftrag 1: Überlegen Sie zusammen mit Ihrem Banknachbarn, warum die Überschuldungsquote der Privathaushalte seit Jahren immer weiter zunimmt – und inzwischen über 10 % bundesweit beträgt!

24. Überschuldung von Privatpersonen

Arbeitsauftrag 2: Machen Sie für sich persönlich auf einem Extrablatt eine Aufstellung der größten Ausgabenposten pro Monat und schätzen Sie, wie viel Geld Sie für welche Dinge ausgeben! Überlegen Sie auch, wo Sie am ehesten sparen könnten, wenn Ihnen die Ausgaben über den Kopf wachsen sollten.

Arbeitsauftrag 3: Was könnten Sie tun, wenn Sie tatsächlich überschuldet wären? Lesen Sie dazu den folgenden Informationstext und erstellen Sie dann eine kurze Übersicht über die einzelnen Schritte aus der Schuldenfalle.

> **Das Verbraucherinsolvenzverfahren (vereinfachte Darstellung, Stand: 05/2008)**
>
> Seit Jahren geraten immer mehr private Verbraucher und Kleingewerbetreibende in die Schuldenfalle. Wenn man merkt, dass einem der Schuldenberg über den Kopf wächst und man realistischerweise keine Chance hat, diesen in den nächsten Jahren wieder abzutragen, sollte man sich am besten an eine öffentliche Schuldnerberatung wenden. Hier ist zunächst eine außergerichtliche Einigung mit den Gläubigern vorgesehen. Wird dem Schuldner von der vermittelnden Stelle (z.B. der Schuldnerberatung) bescheinigt, dass der außergerichtliche Einigungsversuch erfolglos war, kann er beim zuständigen Gericht Antrag auf Eröffnung eines Verbraucherinsolvenzverfahrens stellen. Bevor das eigentliche Insolvenzverfahren eröffnet wird, prüft das Gericht, ob die Durchführung eines gerichtlichen Schuldenbereinigungsplans Aussicht auf Erfolg hat. Wenn mehr als die Hälfte der Gläubiger diesen Plan ablehnt, findet ein vereinfachtes Verbraucherinsolvenzverfahren statt. Das Gericht bestellt dann statt eines Insolvenzverwalters einen Treuhänder, der das vorhandene pfändbare Vermögen des Schuldners verwertet und den Erlös nach Abzug der Verfahrenskosten an die Gläubiger verteilt.
>
> Nach Abschluss dieses Insolvenzverfahrens folgt eine 6-jährige „Wohlverhaltensperiode", während der der Schuldner den pfändbaren Teil seines Einkommens an den Treuhänder abtreten muss, welcher die gepfändeten Beträge an die Gläubiger verteilt. Außerdem muss er sich – falls er vorher arbeitslos war – nachweislich um Arbeit bemühen und jede zumutbare Tätigkeit annehmen. Nach erfolgreichem Ablauf dieser Periode erlässt das zuständige Amtsgericht i.d.R. auf Antrag des Schuldners eine Restschuldbefreiung, d.h. der Schuldner wird von allen noch bestehenden Schulden befreit – mit Ausnahme von Geldstrafen, Geldbußen oder Ordnungsgeldern.

Gesamtwiederholung „Beschaffungsprozesse"

Bearbeitungshinweis:

Sie haben sich nun wochenlang mit dem Thema „Beschaffungsprozesse" beschäftigt und dabei sehr viel über allgemeine wirtschaftliche Grundlagen gelernt. Damit Sie selber für sich überprüfen können, wie viel davon „hängen geblieben" ist, machen Sie bitte Folgendes:

1.) Schreiben Sie zu allen Themenbereichen, die in den einzelnen Kästchen aufgeführt sind, **zunächst allein alle Stichworte** auf, die Ihnen dazu noch einfallen – ohne in Ihre Unterlagen zu schauen!

2.) Wenn Sie damit fertig sind, suchen Sie sich drei Ihrer Mitschüler/-innen, sodass Sie nun eine **4er-Gruppe** bilden, und **vergleichen die Begriffslisten**. Ergänzen Sie Ihre Stichworte gegebenenfalls. Bleiben Sie weiter als Gruppe zusammen.

3.) Jetzt sucht sich immer abwechselnd jedes Gruppenmitglied einen Themenbereich aus der Liste aus und **erklärt den anderen drei Gruppenmitgliedern** mit Hilfe der aufgeschriebenen Stichworte noch einmal, worum es bei dem Thema ging und was dabei behalten wurde. Die anderen passen auf, ob alles stimmt, was gesagt wird und korrigieren gegebenenfalls.

4.) Wenn Sie alle vier mit einem Stichwort gar nicht weiterkommen oder sich uneinig sind, fragen Sie Ihren Lehrer.

5.) Jeder kommt auf diese Weise dreimal dran, einen Themenbereich zu erklären.

Wirtschaftliche Grundlagen des Beschaffungsprozesses	Kaufvertragsrecht

Gesamtwiederholung Lernfeld „Beschaffungsprozesse"

Lieferungsverzug	**Mangelhafte Lieferung (Schlechtleistung)**

Annahmeverzug	**Zahlungsverzug**

Gesamtwiederholung Lernfeld „Beschaffungsprozesse"

Verjährung	**Handelskalkulation**
Vertragsarten	**Gültigkeit von Rechtsgeschäften**

Gesamtwiederholung Lernfeld „Beschaffungsprozesse"

Finanzierung	Insolvenzrecht

Notizen:

Notizen:

Notizen:

Notizen:

Notizen:

Notizen: